Barbara Cratzius *Uns gefällt die Frühlingszeit*

Uns gefällt

Neue Texte
zum Frühlingserleben
im Kindergarten

Barbara Cratzius

die Frühlingszeit

Mit Liedkompositionen von Ludger Edelkötter
und vielen Illustrationen
von Gertrud Schrör

Herder Freiburg · Basel · Wien

Die Jahreszeiten erleben und gestalten mit

Barbara Cratzius

Igel, Frosch und Fledermaus

(Best.-Nr. 22550)

Monatsreihe:

Ein ganzes Jahr – und noch viel mehr

Band 1: September – Februar
(Best.-Nr. 21996)

Band 2: März – August
(Best.-Nr. 21997)

Jahreszeitenreihe:

Frühling im Kindergarten

(Best.-Nr. 21261)

Sommer im Kindergarten

(Best.-Nr. 21262)

Herbst im Kindergarten

(Best.-Nr. 21263)

Winter im Kindergarten

(Best.-Nr. 21264)

Neue Jahreszeitenreihe:

Uns gefällt die Frühlingszeit

(Best.-Nr. 3-451-22552-2)

Uns gefällt die Sommerzeit

(Best.-Nr. 3-451-22553-0)

Uns gefällt die Herbstzeit

(Best.-Nr. 3-451-22554-9)

Uns gefällt die Winterzeit

(Best.-Nr. 3-451-22555-7) in Vorbereitung

Uns gefällt die Weihnachtszeit

(Best.-Nr. 3-451-22551)

Jeder Band 128 Seiten

Alle Lieder dieses Buches sind von Ludger Edelkötter vertont und auf Musikcassette und CD „Uns gefällt die Frühlingszeit" produziert. Erschienen sind sie im IMPULSE Musikverlag Ludger Edelkötter, Natorp 21, 48317 Drensteinfurt, Tel.: 02508/673 u. 1027, Fax: 02508/9388 Bestellnummer MC IMP 1056.3, Preis DM 19,80, CD 1056.7, Preis DM 19,80 zu bestellen über jede Buchhandlung oder direkt beim Verlag.
Weitere Autoren, deren Texte in dieses Buch aufgenommen wurden:
B. Backhaus, Chr. Bickmann, M. Bülk, L. Falkenstein, K. Ohms, E. Scharafat, A. Schmidt, U. Weber.

Einbandfoto: © TSW
Textfotos: Jürgen Junker-Rösch

Gedruckt auf umweltfreundlichem, chlorfrei gebleichtem Papier

3. Auflage

Notensatz: Nikolaus Veeser, Freiburg
Herstellung: Freiburger Graphische Betriebe 1995
ISBN 3-451-22552-2

Inhalt

Unter den obigen Kapitelüberschriften finden Sie an den angegebenen Seiten viele Texte und Gestaltungsvorschläge in der Reihenfolge des Buches.

Das nachfolgende Inhaltsverzeichnis will Ihnen durch die Ordnung nach Stichworten die Suche nach bestimmten Texten und Gestaltungsvorschlägen erleichtern.

Vorwort

Die seit Jahren erfolgreichen Jahreszeitenbücher „Frühling – Sommer – Herbst und Winter im Kindergarten" haben bei den Erzieherinnen in vielen Kindergärten ein lebhaftes Echo gefunden.
Seit der Wiedervereinigung arbeiten nun auch viele Erzieher in den neuen Bundesländern mit diesen Gestaltungsvorschlägen. Ich bekam von ihnen zahlreiche Briefe: „... Wir sind froh, nach den langen Jahren staatlich gelenkter Erziehung Ihre vielseitig motivierenden Gestaltungsvorschläge verwenden zu können." „... Im Morgenkreis spielen wir oft nach Ihren Texten, und die Kinder singen begeistert die fröhlichen Lieder auf den Kassetten mit."
Eine ganze Reihe von vielfältig einsetzbaren Bastelvorschlägen ist mir in diesen Briefen zugestellt worden, von denen ich einige in die neuen fünf Jahreszeitenbücher aufnehmen werde. In monatelanger Arbeit habe ich ganz neue Geschichten, Finger- und Kreisspiele, Rätsel und Lieder entwickelt und hoffe, daß diese fünf Bücher ebenso ihren Weg in viele Kindergruppen, Vorschulklassen, Grund- und Sonderschulen finden werden.
Auch diese neuen Texte möchten Kinder, Erzieherinnen und Eltern auf vielfältige Weise ansprechen und durch das Jahr hindurch begleiten.

Den ersten Band für die Frühlingsmonate lege ich hiermit vor.

Frühling – wie viele Bilder, Düfte und Klänge steigen da in uns auf! Ich sehe den schäumenden Bach vor mir, der von den Höhen springt und sprudelt. Hahnenfuß, Sumpfdotterblumen und tiefhängende Weidenkätzchen begleiten seinen Weg. Die leuchtend blühenden Schwarzdornbüsche auf den Hängen der Eifel tauchen vor mir auf; die breite gelbe Palette der Rapsfelder in Schleswig-Holstein, die Südhänge der Alpen mit Himmelsschlüsseln, Trollblumen und Buschwindröschen zwischen den schmelzenden Schneeresten. Und ich denke an den zarten Flaum der Mandelblüten in Spanien und Portugal. So wird jeder seine eigene Frühlingserwartung und Frühlingssehnsucht im Herzen tragen.
Auch unsere Kinder erwarten voll Ungeduld die ersten warmen Märztage. Da können sie hinauslaufen, schon ohne Anorak und Mütze, mit dem Ball und den Murmeln spielen, Seilhüpfen, mit dem Go-cart und dem Stützfahrrad herumsausen.

Unvergeßlich ist mir das Bild einer Kindergruppe, die beim ersten warmen Schein der Märzsonne eine Marienkäferkolonie in der Hecke unter eingerollten alten Herbstblättern entdeckt hatte. Ich hörte die begeisterten Ausrufe: „Schau mal, er krabbelt den kleinen Finger rauf und jetzt die Hand entlang. Jetzt kriecht er den Pullover hoch! Wie süß die sind!" Dann wurde mit viel Geduld ein richtiger kleiner Marienkäferzoo angelegt. Kein Käferbein, kein Flügel wurde verletzt; behutsam und zärtlich gingen die Kinder mit den kleinen Frühlingsboten um.

Neben vielen anderen Anregungen habe ich in Geschichten, Fingerspielen, Liedern und Rätseln dieses Buches versucht, die Entdeckerfreude und Liebe der Kinder zu den Tieren und Pflanzen zu wecken. Daß dabei auch der Gedanke des Umweltschutzes unserer bedrohten Natur immer wieder angesprochen wird, erscheint mir angesichts der zunehmenden wachsenden Verschmutzung und Bedrohung unserer Umwelt unerläßlich.

Das Erwachen der Natur berührt uns Erwachsene in jedem Jahr auf besondere Weise. Ich habe an den Anfang dieses Buches einige meditative Texte gestellt, die vielleicht einen Elternbrief, eine Einladung zu einem Elternabend am Anfang des Jahres begleiten können.
Auch wir Erwachsene öffnen uns in jedem Jahr wieder mit staunendem Entzücken den Wundern der erwachenden

Natur und „lassen unsere Seele singen" beim Anblick der ersten Frühlingsboten.

Gänseblümchen und die ersten Veichen
seh' ich blühn im Märzensonnenschein.
Freude tragen sie an kalten Tagen
in mein wintermüdes Herz hinein.

Veilchen, Gänseblümchen, ihr seid Boten:
Neues Leben aus der kalten Erdebricht.
Und ich freue mich an Duft und Farben
unterm hellen warmen Frühlingslicht.

So wünsche ich, daß dieses Frühlingsbuch den Erzieherinnen und Erziehern vielfältige Impulse an die Hand gibt, mit den Kindern die Wunder unserer Welt zu entdecken und zu bewahren.

Barbara Cratzius

In der Frühe

Heut nacht ist der Frühlingswind
übers Land gebraust.
An den Dachgauben hat er gerüttelt,
und die kahlen Weidenzweige an die Scheibe gestreift.
Aufgewacht bin ich vom Jaulen des Katers
und dem Lockruf der Tauben.
Das Fenster mußte ich öffnen
und den würzigen Duft nach feuchter Erde hereinlassen,
nach frischem Gras, das zu sprießen beginnt.
Heiserer Schrei der Wildgänse.
Früh, ehe die Schatten der Nacht
sich heben – da spür' ich den Pulsschlag
der keimenden Knospen, der grünen Triebe
und das Pochen in der kleinen Brust der Amsel,
die hoch oben im Apfelbaum
die Strahlen
der aufgehenden Sonne begrüßt.

Im Frühling

Ablegt der Winter den Mantel,
den weißen, zapfengeschmückten.
In den Ackerfurchen
stolzieren die Raben,
und die Störche werden's ihnen
bald nachmachen.
Der Frühling schleicht herbei
auf leisen Sohlen
sacht über Nacht.
Die Maulwürfe haben's schon längst gehört,
ganze Schaufeln voll Erde
werfen sie hoch.
Der Trommelwirbel des Spechts
und der frühe Ruf der Amsel
wecken mich auf.
Da springt die Sonne durch
die Scheibe mir ins Gesicht.
Ja – du bist's Frühling!
Dich hab' ich vernommen!

Im März

Die Erde duftet nach dem warmen Regen.
Schon ist der Huflattich da
mit seinem kecken Gelb
und der Krokus ruft den Primeln und Tulpen zu:
Beeilt euch!
Seht ihr – ich bin schon da mit weißen und lila Kelchen!
Um die Winterheide und den Seidelbast
summen die Bienen.
Die Amsel hat Gräser im Schnabel
für das weiche Nest in der Tanne.
Mein Herz,
das wintermüde,
schlägt schneller,
wenn die Sonnenstrahlen
durch die kahlen Birkenzweige
schimmern.

Erwachen

Nach dem warmen Regen dampft der Acker.
Er lockt die Schar hungriger Krähen
vom kahlen Krähenbaum herunter.
Steifbeinig stolzieren sie über die Schollen,
regenwurmpickend, und die tschilpenden Amseln
tun's ihnen nach.
Huflattich streckt seine gelben Strähnen heraus
und die unentwegten Gänseblümchen
sind längst aufgewacht.
Am Bachrand sprudelt's über die Steine.
Der Buchfink dort auf der Weide
hat ein Hälmchen im Schnabel,
und der Tauberich gurrt und gurrt
unermüdlich und begehrlich.
Noch ziehen die Wolken tief.
Grau verhangen der märzene Himmel.
Aber die Sonne, die strahlende Ostersonne,
hat ihre Scheibe schon blankgeputzt.
Wartet nur – balde ...!

Aufbruch

Den Anker lösen,
abstoßen vom Ufer
und offen sein
für neue Begegnungen,
die auf uns warten.
Die alten eingefahrenen
Wege
verlassen können
und spüren:
Wir werden getragen
im Strom des Lebens.

Kapitel 1: Ein Zauberer geht übers Land

Frühlings-Zauberlied

Text: Barbara Cratzius
Musik: Ludger Edelkötter

Und wenn's die Maus im Loche hört.
dann zuckt im Takt das Schwänzchen:
„Komm raus flink aus dem dunklen Loch,
wir wagen gleich ein Tänzchen!"

Und wenn's das Korn im Acker hört,
dann spürt's ein Rucken, ein Zucken,
gleich streckt es raus den grünen Trieb,
will aus der Erde gucken.

Und wenn's der Has' am Waldrand hört,
dann spitzt er seine Ohren.
Er leckt den Jungen sanft das Fell,
denn die sind grad geboren.

Und wenn's der zarte Falter hört
in seiner Puppenwiege
dann schlüpft er aus dem dunklen Haus,
steig höher, Falter, fliege!

Und wenn's der blinde Maulwurf hört,
dann sagt er: „Ich muß graben,
ich werf' vor Freude Hügel hoch,
muß frische Würmer haben!"

Und wenn das Kind es staunend hört,
dann muß es tanzen, springen,
der Osterhase wartet schon
(oder: das Osterfest steht vor der Tür),
was wird er (es) ihm wohl bringen?

So spielt der Zauberer sein Lied
und weckt das ganze Land.
Dann nimmt ein anderer ihm keck
die Flöte aus der Hand.

(Wer ist das? – Der Sommer)

Spielvorschlag: Die Kinder hocken zusammengerollt rings im Kreis und schlafen. Ein Kind geht als „Zauberer" herum. Es wäre schön, wenn es einige Töne auf der Flöte blasen würde. Der „Zauberer" kann sich einen hellen weiten Mantel mit bunten Blumenmustern umhängen, einen mit bunten Papierblumen geschmückten Zauberstab schwingen und auf dem Kopf einen Zylinder mit bunten Blumen tragen. Er berührt mit dem Zauberstab verschiedene Kinder, die sich recken und strecken und als Maus, Hase, Falter, Maulwurf bzw. Korn im Ackerfeld agieren. Zum Schluß tanzen alle Kinder fröhlich herum.

Die Geschichte vom Löwenzahn unterm Asphalt

Wochenlang hatte der Nordwind übers Meer getobt. Eine dicke Schneedecke verschloß die Erde. Aber über Nacht war der Wind umgeschlagen. Der Westwind brachte den warmen Regen mit. Der Schnee begann zu schmelzen. Die Vögel fingen an, ihre ersten Frühlingslieder zu zwitschern. In den langen Löwenzahnwurzeln wurde es lebendig. Sie reckten und streckten sich. Die kleinen Triebe wurden immer länger. Da – am Wegrand streckte der erste grüne Stengel seine Spitzen heraus. „Beeilt euch!“ rief er den anderen Trieben zu, „die Sonne scheint schon so warm. Die Erde duftet. Und wie die warmen Regentropfen schmecken! Schnell! Heraus mit euch!“ – Die Sonnenstrahlen gaben sich alle Mühe, das Erdreich zu erwärmen. Sie huschten unter die Sträucher, drangen durch die Blattknospen und die Rinden der Bäume und kitzelten die vielen kleinen Mücken und Fliegen wach. Dann sangen sie ihr Sonnenstrahllied:

Wir kitzeln euch,
wir kitzeln euch,
wann seid ihr endlich aufgewacht?
Sie ist vorbei,
sie ist vorbei,
die lange dunkle Winternacht.

Da krabbelten die kleinen Marienkäfer hurtig über die Blätter und öffneten ihre kleinen roten Flügel. Die zarten Libellen surrten vorbei, die Bienen flogen in die ersten Weidenkätzchen. Ameisen krabbelten über die Steine. Sogar die ersten Maikäfer kamen schon angebrummt. Die Löwenzahntriebe am Rande des Asphaltweges wuchsen und wuchsen. Sie streckten schöne, lange und gezackte Blätter hervor, und ihre Knospen wurden dicker und dicker. Die Kinder freuten sich: „Bald können wir einen richtigen Löwenzahnkranz flechten!“ riefen sie. Aber viele Triebe waren gefangen unter der harten Asphaltdecke. Im vorigen Jahr war hier noch lockerer Kies gewesen, und die Löwen-

Spielvorschlag: Diese Geschichte kann gut als Klang- und Bewegungsspiel gestaltet werden. Das Recken und Strecken der Löwenzahnwurzeln kann mit dem Xylophon (Glissando) nachgeahmt werden. Die Kinder im Sitzkreis recken und strecken sich mit dem ganzen Körper. Wenn der erste grüne Stengel seine Spitzen hervorstreckt, ertönt das Glockenspiel. Mehrere Kinder laufen als Sonnenstrahlen im Sitzkreis herum und kitzeln die kleinen Mücken und Käfer. Diese fangen an, herumzukrabbeln. Dazu können Töne vom Xylophon oder von den Klangstäben angeschlagen werden. Das kraftvolle Wachsen der Sanddornwurzeln kann von Trommel- und Paukenschlägen begleitet werden. Die Kinder, die die Sanddornwurzeln spielen, strecken und recken sich ganz besonders kräftig; sie können dabei auf Bänke und Stühle klettern.
Am Schluß tanzen alle Löwenzahnkinder lustig im Sitzkreis herum, schlüpfen auch aus dem Kreis heraus und tanzen im ganzen Raum herum: Überall sind sie zu finden und stecken ihre „tausend Lichter“ an.

zahnwurzeln konnten ohne Mühe nach oben wachsen. Aber in diesem Jahr seufzten sie unter der schweren dunklen Decke. „Ich kann kaum noch atmen!“ japste ein kleiner weißer Trieb. „Ich glaub’, ich muß sterben.“ – „Ich bin schon ganz zusammengedrückt, macht doch Platz!“ beschwerte sich eine lange Löwenzahnwurzel.
Die Sonnenstrahlen wurden heißer und heißer. Sie erwärmten den grauen Asphalt auf dem Weg am Wasser entlang.

Wir kitzeln euch,
wir kitzeln euch,
heraus aus eurem Winterloch,
nun reckt und streckt euch endlich doch!

sangen die Sonnenstrahlen. „Hört auf mit eurem albernen Kitzellied!“ riefen die Löwenzahnwurzeln. „Ihr solltet mal in so einem engen Käfig sitzen, dann würde euch auch das Singen vergehen!“ – Die Sonnenstrahlen wurden ganz traurig. „Die Menschen sind schrecklich!“ sagten sie. „Die ganze schöne Erde müssen sie zupflastern! Wir sagen den Sanddornbüschen Bescheid! Die haben mit ihren Wurzeln ganz gewaltige Kräfte! Die sollen den kleinen Löwenzahnwurzeln helfen!“
Die Sanddornbüsche nickten eifrig mit ihren Stachelzweigen. Sie trieben zu beiden Seiten des Weges lange Wurzeln unter den Asphalt. Sie reckten und dehnten sich nach oben, sie rückten und schoben Tag für Tag. Sie gönnten sich keine Ruhe, sogar in der Nacht, wenn der Mond über das Wasser kroch, waren sie eifrig bei der Arbeit. Der Mond brummte:

Wer schläft da nicht,
wer schläft da nicht
die ganze lange Frühlingsnacht?
Wer reckt und streckt sich da mit Macht?

Aber da war schon im silbernen Mondlicht der erste kleine Buckel über dem Asphalt zu erkennen. „Schnell! Schnell!“ riefen die Sanddornwurzeln. „Wenn wir uns nicht beeilen, ersticken alle kleinen Löwenzahnpflanzen in der Tiefe!“
Als der Morgen kam, waren viele Spalten und Risse auf dem Asphalt zu sehen. Die Sonnenstrahlen riefen fröhlich:

Wir kitzeln euch,
wir kitzeln euch
in eurem dunklen Erdenhaus.
Der Weg ist frei, der Weg ist frei,
nun streckt die grünen Köpfchen raus!

Und überall reckten sich die grünen Triebe in die Höhe. Die Spaziergänger freuten sich. „Solche Mühe soll belohnt werden!“ sagten sie. Und sie machten vorsichtig einen Bogen um die ersten grünen Pflänzchen. So kam es, daß nach einiger Zeit der graue Asphaltweg übersät war mit den gelben Tupfen der Löwenzahnblüten und etwas später mit vielen silbrigen Schirmchen. Die Sonnenstrahlen riefen:

Nun segelt in die Welt hinaus,
fliegt über Tal und Hügel fort.
Im nächsten Jahr, im nächsten Jahr,
grünt ihr an einem andern Ort.

Im Frühjahr waren überall die gelben Löwenzahngesichter zu finden: An der steinigen Mauer, an den Rändern der Feldwege, im Betonpflaster der Großstädte. Wenn man genau hinhörte, konnte man die Sonnenstrahlen flüstern hören:

Löwenzahn, Löwenzahn,
steck die tausend Lichter an!
Auf der Wiese, vor dem Haus,
euer Licht, das geht nicht aus.

Spiel vom

Als Spiel im Spielkreis oder auch als Fingerspiel zu spielen.

Ein Kind steht als Löwenzahnblüte möglichst auf einem Bein in der Mitte des Spielkreises. Es hat viele Spitzen (Streifen von alten Stors oder weißem Kreppapier) um die Arme gewickelt und lose als „Kette“ umgehängt. Ein anderes Kind als Wind springt um die Löwenzahnblüte herum.
Alle Kinder im Spielkreis pusten. Der Wind wirbelt die Spitzen umher und saust mit ihnen weit aus dem Kreis heraus. Er kann mit den wehenden Tüchern mehrere Runden um den Kreis drehen. Dann tippt er viele Kinder im Spielkreis an. Sie haben ein Stück Spitze um den Arm gewickelt und tanzen um die Löwenzahnblüte herum. Dabei wird auf die Melodie: „Ein Männlein steht im Walde“ gesungen:

Löwenzahn und vom Kind

Da steht auf einem Beine
ganz still und stumm
‚ne feine junge Dame,
ganz grad, nicht krumm.
Hat ein weißes Spitzenkleid,
silbern glänzt es schon von weit,
und sie will zum Ti-Tu-Ta-Tanzen gehn.

Da kommt der Wind geschlichen,
der naht ganz sacht.
Da hat die feine Dame
die Haare aufgemacht.
Und die zarten Spitzen wehn,
heut will sie zum Tanzen gehn,
will auf einem Bein nicht mehr stille stehn.

Der Wind, der saust jetzt stärker
und springt herum.
Der Wind, der braust und pustet
sie fast schon um.
Gib die feinen Spitzen her,
Schleiertücher, immer mehr!
Ach, die feine Dame, die zittert sehr.

Der Wind, der bläst die Tücher
weit übers Haus.
Sie treiben über Bäume
aufs Feld hinaus.
Wo sind meine Spitzen nur,
Kinder, wo ist ihre Spur?
Und ich wollt' zum Ti-Tu-Ta-Tanzen gehn.

Du liebe feine Dame,
so hör doch her!
Die vielen Silberspitzen,
die werden immer mehr!
Nächstes Jahr, da kannst du sehn
viele Silberblüten wehn,
wollen auch zum Ti-Tu-Ta-Tanzen gehn.

Dieses Spielgedicht kann auch bildnerisch dargestellt werden. Auf grünem oder grauem Tonpapier werden mit hellgrünen, gelben und weißen Fingerfarben viele gelbe und weiße Löwenzahnblüten gemalt.
Viele Silberflocken schweben hoch über die Löwenzahnwiese davon.

Was werd' ich noch entdecken?

Text: Barbara Cratzius
Musik: Ludger Edelkötter

Kehrvers

Jage, jage, Frühlingswind
durch die kahlen Buchen.
Bald kann ich im grünen Gras
Himmelsschlüssel suchen,
Himmelschlüssel suchen.

Kehrvers

Gänseblümchen, Löwenzahn,
Veilchen an den Hecken,
und das erste Osterei
werd' ich auch entdecken,
werd' ich auch entdecken!

Zu diesem Spiellied können wir mit Fingerfarben Blumen und Ostereier drucken. Wenn wir die letzten Herbstblätter, die wir noch im Gras finden, mit Fingerfarbe bestreichen, können wir auch damit schöne Muster drucken. Auch aus den gezackten Löwenzahnblättern ergeben sich hübsche Motive.
Aus gepreßten Gänseblümchen, Farn und Moos können wir schöne Geschenkkarten herstellen.

Eine Baumschule im Kindergarten

Frau Müller hat heute viele kleine Pflanzenschalen mitgebracht. „Oh – ich weiß!“ ruft Till, „heute fangen wir mit der Baumschule an!“
Frau Müller holt den großen Karton mit den Kastanien, Eicheln, Bucheckern, den Ahornsamen (von den Nasenzwickern), den Apfel- und Kirschkernen her. Sie hat auch noch viele Kienäpfel und Tannenzapfen aufbewahrt.
„Oh, die hab' ich gesammelt!“ ruft Tini. „Die darfst du jetzt vorsichtig klopfen, daß die Samen herausfallen“, sagt Frau Müller. Sie stellt einen Eimer mit Erde, gemischt mit Sand und Humuserde, bereit. Nun füllt jedes Kind sein Schälchen. Frau Müller hat viele kleine Schildchen vorbereitet mit den Namen der Samen. Dann hat sie auch noch die Namen der Kinder auf Schildchen geschrieben. Nun bekommt jedes Kind Samen und die Schildchen. Michael hat zwei Kastanien bekommen. Tini mehrere Ahornsamen, Till die Eicheln, Petra eine Handvoll mit Kirschkernen, Tini hat ihre Tannensamen in der Hand.
Nun stecken die Kinder vorsichtig ihre Früchte oder Samen zusammen mit den entsprechenden Schildern in die Erde.
Die Schälchen werden schön aufgereiht vor das Fenster gestellt. Vorsichtig werden sie begossen, die Erde darf nicht zu naß sein.
Nach einigen Wochen gucken aus vielen Pflanzschalen grüne Spitzen heraus. „Seid nicht traurig“, sagt Frau Müller, „wenn nicht alle Samen austreiben. Das kommt immer wieder vor. Dann legen wir nochmal neue Samen in die Erde.“
Bei Michael und Till und Tini sind niedliche kleine Spitzen zu sehen, die höher wachsen und kleine Blätter treiben.
Jeden Tag beobachten die Kinder jetzt ihre kleinen Pflanzen aus der Baumschule. Manchen Kindern geht es viel zu langsam mit dem Wachsen.

Hinweise für die Erzieherin:
Die kleinen Setzlinge brauchen Pflege, damit sie die wichtigen langen Pfahlwurzeln bilden können.
Wir basteln uns ein langes Papprohr (etwa 50 cm lang, 50 cm Durchmesser), füllen ein Erdgemisch aus Humus und Sand hinein und machen mit einem Pflanzstock ein tiefes Loch. In dieses Loch setzen wir nun vorsichtig unseren „Setzling“ hinein.
Die Pappröhre wird unten zusammengedrückt. Dann werden mehrere Papprohre nebeneinander in eine Kiste gestellt. Damit sie nicht umfallen, streuen wir feuchtes Sägemehl hinein. Wir stellen unsere Baumkinder nun ins Freie an einen nicht zu sonnigen Ort, damit sie sich an Wind und Wetter gewöhnen können und abhärten.
Nach etwa 8 bis 10 Wochen sind die kleinen Bäumchen ungefähr 10 cm hoch. Nun können wir sie mit der Röhre in eine großen Blumentopf pflanzen oder an einer geschützten Stelle im Garten einpflanzen. Am besten ist es, einen kleinen „Schutzzaun“ ringsherum aufzurichten, damit niemand unser Bäumchen zertritt.
Die Pappe löst sich von selber auf.
Wenn wir Glück haben, das Bäumchen gut pflegen, es gießen und ab und zu den Boden auflockern, kann es im ersten Jahr schon bis zu einem Meter hoch werden.

Aber Michael und Tim und Till und Petra und Tini vergessen nie, ihre Pflanzenbabys zu gießen und ab und zu die Erde zu lockern.
Michael hat eine Idee: „Wenn mein Bäumchen ein Stück größer geworden ist, dann male ich einen Blumentopf ganz bunt an und schenke ihn Opa zum Geburtstag. Das ist ein schöneres Geschenk als eine Kiste mit Zigarren!"
Und Petra meint: „Ich hab' dann gleich ein schönes Muttertagsgeschenk. Meine Mutter hat sich schon immer einen Kastanienbaum hinten im Garten gewünscht!"
„Das wäre toll, wenn viele Menschen sich eine Baumschule anlegen würden", meint Tini. „Dann würde vielleicht auch die Luft ein bißchen besser werden", ruft Dennis.
„Mein Vater sagt, die Bäume atmen die schlechte Luft ein und verwandeln sie in gute Luft."
„Dann kriegen wir alle einen Orden als Luftschützer!" ruft Michael lachend.

Freude an kleinen Dingen

Kernvögel

Für diese kleinen Vögel verwendet man Apfelkerne, die gut trocken sein müssen, weil sie sonst keine Klebe annehmen. Die spitze Seite des Kerns ist der Vogelschwanz, die runde Seite das Kopfende. Hier zeichnet man den Kopf an und links und rechts je einen Flügel. Man kann diese „Kernvöglein" auch auf einem kleinen Zweig anbringen, den man entweder zeichnet oder aber durch einen kleinen Zweig darstellen kann. *(L. Falkenstein)*

Feste feiern im Frühjahr

Zum Festefeiern im Frühling gibt es jedes Jahr wieder viele Anlässe: da sind die Geburtstagsfeiern in der Kindergruppe in den ersten Monaten des Jahres. Wir können ein Sonnenscheinfest feiern, wenn der letzte Schnee getaut ist; ein Löwenzahn- oder Gänseblümchenfest, ein Schwalben- oder Starenfest, wenn die ersten Zugvögel vor den Fenstern hin- und herschießen. Marienkäferfeste, Weidenkätzchenfeste, Schmetterlings- und Osterhasenfeste: die erwachende Natur bietet viele Möglichkeiten, die wir in unsere Festgestaltung einbeziehen können.
Weil das Wetter im Frühling noch nicht beständig ist, habe ich einige Ideen für die Festgestaltung im Raum aufgeschrieben:

Wir drucken Einladungskarten

Für ein Fest im Frühling gemeinsam mit Eltern und Geschwistern können wir lustige Einladungskarten drucken. Weiße oder bunte Briefkarten (z.B. Als-Verlag, Volterstr. 3, 63128 Dietzenbach) schneiden wir der Länge nach durch und falten sie noch einmal zur Hälfte. – Dann schneiden wir eine große Kartoffel durch und malen ein einfaches Motiv auf. Statt einer Kartoffel (Lebensmittel) können wir auch mit

Korken oder Styropor arbeiten. Wir fangen mit einem Kreis an; es gibt viele Möglichkeiten, daraus Figuren zu gestalten. Mit einem spitzen Messer schneiden wir den Kreis rundherum frei; den Korken brauchen wir nicht zu beschneiden. Dann bepinseln wir ihn dick mit Farbe (Tuschfarbe, Fingerfarbe). Den Stempel drucken wir aufs Papier und können nun aus dem Kreis mit Farbstiften weitere Figuren zaubern: Einen Marienkäfer (mit roter Farbe bestreichen, mit Schwarzstift Beine, Fühler und Punkte draufsetzen), Frühlingsblumen (verschiedenfarbige Kreise zusammensetzen), einen Vogel (mit blauer und brauner Farbe bestreichen), eine Frühlingssonne (mit gelber Farbe und gelbem Farbstift), Osterhasen (zwei braune Kreise).

Dekorationen für den Gruppenraum

Aufgeblasene Luftballons können ein Kinderzimmer in eine lustige Frühlingswiese verwandeln. Wir bemalen sie (vorsichtig) mit Fingerfarben oder Tuschfarben mit großem Pinsel. Blüten, Schmetterling und ein lustiges Sonnengesicht, Ostereier, Osterlämmchen und Häschen können unsere Luftballons schmücken. Sie werden (nicht zu niedrig) an Schnüren an der Decke befestigt.

Vorschläge für einen fröhlichen Tischschmuck

Ein origineller Tischschmuck für unser Fest im Frühling sind kleine Tischwiesen. Dazu brauchen wir flache Schalen (Gefrierschalen, Joghurtschalen), deren Boden mit einer Watteschicht oder einer dünnen Schicht Erde bedeckt wird. Wir kaufen Kressesamen, Rettichsamen oder andere keimfähige Körner im Reformhaus. Das Aussäen muß etwa fünf bis sieben Tage vor dem Fest geschehen, damit die jungen Pflänzchen anfangen können zu grünen.

In diese Frühlingsnester können wir kleine Schokoladeneier oder bunt bemalte Hühnereier legen. Die grüne Tischdekoration kann später als gesunder Brotaufstrich (feingeschnittene grüne Kräuter auf Butterbrot) aufgegessen werden.

Festdecke für ein Frühlingsfest

Wir kaufen eine oder mehrere Einwegdecken und spannen sie über den Tisch oder über mehrere Tische. Die Festgäste dürfen nun die „Frühlingsdecke" mit Fingerfarben bemalen. Es werden fröhliche Frühlingsmotive wie Frühlingsblumen, eine große gelbe Frühlingssonne, Schmetterlinge, Marienkäfer und Osterhasen entstehen. Die Fingerfarben können mit Wasser gut wieder von den kleinen Fingern abgewaschen werden. Die Frühlingsdecken können als Dekoration am Fenster, an den Wänden oder an einer langen Schnur aufgehängt werden. Mit folgendem Lied auf die Melodie: „Alle meine Entchen" können die kleinen Maler bei ihren Malkünsten angefeuert werden.

Alle meine Blumen hab' ich heut gemalt,
seht, wie unsre Sonne hell am Himmel strahlt.

Alle meine Vögel hab' ich heut gemalt,
seht, wie unsre Sonne hell am Himmel strahlt.

Alle Schmetterlinge hab' ich heut gemalt,
seht, wie unsre Sonne hell am Himmel strahlt.

Kapitel 2: Wenn Pflanzen und Tiere erwachen

Wann streckt ihr frech die Nasen raus?

Text: Barbara Cratzius
Musik: Ludger Edelkötter

Im kahlen Baum, im kahlen Baum,
da schläft die kleine Haselmaus.
Sie rollt sich – rille-rolle – ein
in ihrem warmen Winterhaus.
Wann streckt sie frech die Nase raus
und kommt aus ihrem Haus heraus? Haus heraus!

Im Höhlengang, im Höhlengang,
da schläft der große dicke Bär.
Er träumt von süßem Honigschmaus,
dann wird er schlecken, immer mehr.
Wann streckt er frech die Nase raus
und kommt aus seiner Höhle raus? Höhle raus!

Im Bienenstock, im Bienenstock,
da summt und brummt es nur noch leis.
Dann schlafen alle Bienen ein
und träumen unter Schnee und Eis.
Wann strecken sie die Nasen raus
und kommen aus ihrem Stock heraus? Stock heraus!

Der Schneewind braust, der Schneewind heult.
Schlaft weiter tief im Winterhaus.
Und schmilzt das Eis, und rauscht der Bach,
dann streckt ihr frech die Nase raus!
Dann streckt ihr eure Nase raus
und kommt aus eurem Winterhaus, Winterhaus!

Hinweise für die Erzieherin: Außer als Spiellied kann dieser Text auch als Klangspiel verwendet werden. Mit Instrumenten und eigener Stimme wird das Brausen des Winterwindes nachgeahmt. Die Tiere bewegen sich artgemäß (trippelnd, laufend, schwerfällig tapsend, fliegend) im Kreis herum. Ein Kind tippt nacheinander die verschiedenen Tiere an, die unter eine große Decke in der Mitte des Kreises schlüpfen. Beim Klang von Orff-Instrumenten oder selbstgebauten Instrumenten kommen sie langsam wieder hervor und bewegen sich locker und frei im Raum herum, bis auf ein Klangsignal das Spiel von vorn beginnt.

Kannst du reimen und raten?

Das Eis auf Flüssen und Bächen springt,
und im Strauch die erste Amsel … — …singt
auf der Wiese wirft der Maulwurf die Hügel,
der Schmetterling öffnet weit seine … — …Flügel
Die ersten Hummeln torkeln und schwirren,
die hungrigen Bienen summen und … — …sirren
Die Frösche quaken laut im Rohr,
und strecken ihre Glotzaugen … — …vor
Der Kuckuck sucht ein fremdes Nest,
die Lämmchen springen zum Oster- — -fest
es sprießt und grünt nun weit und breit,
na, was ist das für 'ne Jahres- — -zeit?

(Frühling)

Wer sind die vier Brüder?

Ich kenne vier lustige Brüder,
sie tragen Geschenke schwer.
Sie kommen Jahr für Jahr
von neuem zu uns her.

Der erste läßt die Bäche springen
und schließt die harte Erde auf,
weckt Klee und Gras und Löwenzahn
auf seinem schnellen Lauf.
Er läßt den grünen Mantel wehn,
spielt mit den jungen Hasen,
er zieht die braunen Ohren lang
und kitzelt ihre Nasen.

Der zweite sperrt die Wolken ein
und läßt die Sonne scheinen.
Er sagt: Du sollst den Rosen und dem Mohn
die schönsten Blätter malen.
Er läßt den blauen Mantel wehn
und spielt mit Fels und Riffen.
Die Kinder bau'n im warmen Sand
den Hafen mit den Schiffen.

Der dritte lockt den Sturm herbei;
der saust wild an den Drähten
und ruft den schnellen Schwalben zu:
„Ihr dürft euch nicht verspäten!"
Er läßt den bunten Mantel wehn,
spielt mit dem Drachenschwanze
und lädt die Blätter alle ein:
„Nun wirbelt mit beim Tanze!"

Der vierte kommt vom Norden her –
der Igel, Maulwurf, Haselmaus,
die hören seinen schweren Schritt
und schlüpfen in ihr Winterhaus.
Er läßt den weißen Mantel wehn
und wirbelt mit den Flocken.
Er ruft: „Ihr Kinder, kommt heraus!
Wollt ihr zu Hause hocken?"

Kennst du die lustigen Brüder
mit ihren Geschenken schwer?
Sie kommen Jahr für Jahr
von neuem zu uns her. (Die vier Jahreszeiten)

Fröhliche Frühlingsgeräusche

Wir wecken den Frühling auf

Wir ziehen kleine Glöckchen, Schellen, einzelne Schlüssel usw. auf einen dicken Bindfaden auf. Zu unseren Frühlingsliedern können wir dann helle Frühlingsklänge ertönen lassen.

Wir machen Wassergeräusche

Wir füllen draußen auf der Wiese oder auf der Terrasse eine große Badewanne mit Wasser. Nun wollen wir verschiedene Wassergeräusche erzeugen:
- Blubbern mit einem Strohhalm,
- mit einem Löffel hineinpatschen,
- mit den Händen hineinpatschen,
- einen Eimer Wasser von oben her ausschütten,
- mit dem Gartenschlauch hineinspritzen,
- aus der Tülle der Gießkanne Wasser „hineinregnen“ lassen.

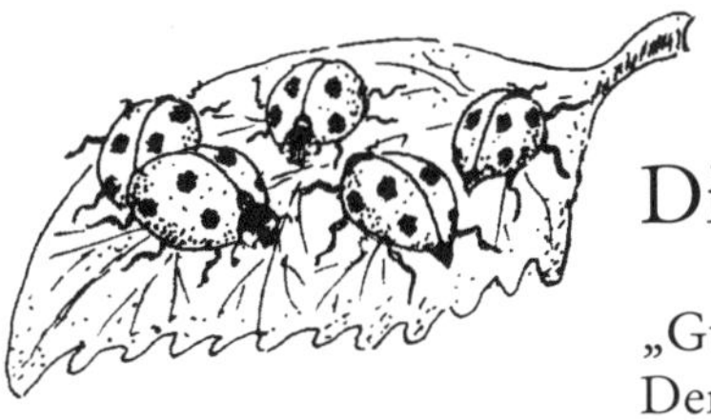

Die Marienkäfer sind da!

„Guck mal, die ersten Marienkäfer sind da!“
Dennis hat in einem eingerollten Blatt an der Hecke eine ganze Schar der kleinen roten Käfer entdeckt.
Da kommen auch schon die anderen Kinder angelaufen. „Ich setze gleich welche auf die Rosen“, sagt Michael und trägt ganz vorsichtig einige Käfer hinüber auf das Rosenblatt. „Nun werden sie aber tüchtig die Blattläuse abfressen“, meint er.
„Glaube ich nicht“, sagt Petra, „ich denk', Marienkäfer fressen gern die grünen Blätter.“
„Stimmt nicht“, sagt Michael, „guck sie dir eine Weile an! Ich hab' noch nie einen Marienkäfer gesehen, der Blätter angeknabbert hat. Das machen nur die Raupen! Mein Opa sagt immer, wenn er genügend Marienkäfer hat, braucht er im Garten überhaupt kein Gift zu spritzen!“ „Das sind ja tolle Tierchen“, meint Till.

Hinweise für die Erzieherin:
Es gibt eine ganze Reihe von natürlichen Schädlingsbekämpfern in unseren Gärten. Die Marienkäfer und ihre Larven fressen große Mengen von Blattläusen. Eine Larve allein kann bis 400 kleine Schädlinge vertilgen.
Auch die Laufkäfer, die Ohrwürmer, Schlupfwesen und Schwebfliegen vertilgen große Mengen schädlicher Läuse.
Wenn Gift im Garten gespritzt wird, verhungern die Marienkäfer oder wandern aus.

Fingerspiele, Zwiegespräche oder Spiele für zwei Gruppen

Die folgenden kleinen Spiele sind geeignet für ein Fingerspiel, ein Zwiegespräch oder für ein Rollenspiel in zwei Gruppen. Die Erzieherin kann die Geschichte auch erzählen oder vorlesen, und die Kinder vollführen pantomimisch die Bewegungen.
Entsprechend der Spielbeschreibung des ersten Spiels können auch die anderen Spieltexte ausgeführt werden.

Wann wachst du wieder auf, kleiner Bär?

Die Kinder kriechen zum Winterschlaf unter einen Tisch oder unter eine große Decke und strecken bei der Frühlingssonne die Nase raus.
Ein Kind kann auch eine große selbstgebastelte Sonne hochhalten oder mit den Armen einen Strahlenkranz beschreiben.

1. Gruppe (Kinder): Wo bleibst du denn im Winter, lieber Bär?
2. Gruppe (Bär): Ich stampfe hin und her
im kalten Winterwald,
und vor der warmen Höhle,
da mach' ich halt.

1. Gruppe (Kinder): Was ißt du denn im Winter, lieber Bär?
2. Gruppe (Bär): Im Sommer war ich gar nicht faul,
ich stopft mir Beeren in das Maul,
mehr, immer mehr!
Die Sträucher sind ganz leer.
Ich gähne (ua...), reiß' weit auf das Maul,
ich bin so müde, bin so faul!

1. Gruppe (Kinder): Wie lang willst du denn schlafen, lieber Bär?
2. Gruppe (Bär): Die ganze lange Winternacht
hab' ich die Augen zugemacht.
Wenn's draußen stürmt und schneit,
verschlafe ich die kalte Zeit.

1. Gruppe Kinder): Wann wachst du auf, lieber Bär?
2. Gruppe (Bär): Wenn hell die Frühlingssonne lacht,
dann bin ich endlich aufgewacht.
Ich streck' die Nase aus dem Haus,
und tappe aus der Höhle raus.
Dann tanze ich herum,
brumm, brumm, brumm, brumm.

Eine kleine Mausgeschichte

1. Gruppe (Kinder): Wo bleibst du denn im Winter, kleine Maus?
2. Gruppe (Maus): Ich grabe mir ein tiefes Loch,
tief in der Erde ist's nicht kalt.
Da schlaf' ich, wenn der böse Sturm
so heult und braust im Winterwald.

1. Gruppe (Kinder): Was ißt du denn im Winter, kleine Maus?
2. Gruppe (Maus): Im Sommer lauf' ich hin und her
und sammle dicke Körner ein.
Die schlepp' ich dann tagaus, tagein
ins warme Winterhaus hinein.

1. Gruppe (Kinder): Wie lang willst du denn schlafen, kleine Maus?
2. Gruppe (Maus): Die ganze lange Winternacht
hab' ich die Augen zugemacht.
Wenn's draußen stürmt und schneit,
dann träum' ich von der Frühlingszeit.

1. Gruppe (Kinder): Wann wachst du auf, kleine Maus?
2. Gruppe (Maus): Wenn hell die Frühlingssonne lacht,
dann bin ich endlich aufgewacht.
Die Strahlen kitzeln meine Nas',
ich flitz heraus ins grüne Gras.
Ich schwenke meinen grauen Schwanz,
gib mir die Pfote, komm zum Tanz!

Eine kleine Igelgeschichte

1. Gruppe (Kinder): Was machst du denn im Winter, stachliger Igel?
2. Gruppe (Igel): Ich such' mir dort am Gartenzaun
ein warmes weiches Blätterhaus.
Da stört mich keiner, ich schlaf' ein
und kriech' in Eis und Schnee nicht raus.

1. Gruppe (Kinder): Was frißt du denn im Winter, stachliger Igel?
2. Gruppe (Igel): Im Herbst freß' ich mich kugelrund,
ich such' mir Schnecken, manche Maus.
Auch Äpfel, Birnen mag ich gern,
das ist ein süßer Festtagsschmaus.

1. Gruppe (Kinder): Wann kommst du aus dem Haus heraus, stachliger Igel?
2. Gruppe (Igel): Wenn hell die Frühlingssonne lacht,
dann wird die Türe aufgemacht.
Ich trippel, trappel, schnupper auch,
o weh – es knurrt mein leerer Bauch.
Schnell aus dem Blätternest heraus,
ich such' mir Käfer, fang' 'ne Maus!
Und bald find' ich, ich bin so schlau,
eine liebe kleine Igelfrau.
Dann tanzen wir im Mondenschein,
macht mit, kommt alle zum Kreis herein!

Eine kleine Eichhörnchengeschichte

1. Gruppe (Kinder): Wo bleibst du denn im Winter, kleines Eichhörnchen?
2. Gruppe (Eichhörnchen): Ich such' mir in den hohen Zweigen
ein festes sicheres Baumhaus aus.
Ich polster' mir ein weiches Nest,
das ist mein warmes Winterhaus!

1. Gruppe (Kinder): Was frißt du denn im Winter, kleines Eichhörnchen?
2. Gruppe (Eichhörnchen): Im Herbst, da such' ich Nuß für Nuß,
grab' tief sie in die Erde rein.
Ich scharre, wühle Tag für Tag,
das soll mein Wintervorrat sein.

1. Gruppe (Kinder): Wann kommst du aus dem Haus heraus,
kleines Eichhörnchen?

2. Gruppe (Eichhörnchen): Wenn hell die Frühlingssonne lacht,
dann wird die Türe aufgemacht.
Ich streck' die Nase in die Luft,
ich spüre schon den Frühlingsduft.
Die Knospen an den Zweigen sprießen,
die kleinen Bäche gluckern, fließen.
Es lockt der erste frische Klee
auf welkem Laub, da schmilzt der Schnee.
Ich saus' heraus in den Sonnenschein,
macht mit, kommt alle zum Kreis herein!

Eine kleine Raupengeschichte

1. Gruppe (Kinder): Wo bleibst du denn im Winter,
kleine Raupe Nimmersatt?

2. Gruppe (Raupe): Ich freß' und freß' den Sommer lang,
dann werd' ich müde, schlafe ein.
Ein festes Haus, das hält mich warm,
ich lasse niemand zu mir rein.

1. Gruppe (Kinder): Was frißt du denn im Winter,
kleine Raupe Nimmersatt?

2. Gruppe (Raupe): Ich krieche aus dem festen Haus
den ganzen Winter nicht heraus.
Ich brauch' nicht fressen, doch Tag für Tag
tief drinnen ein Wunder geschehen mag.

1. Gruppe (Kinder): Wann kommst du aus dem Haus heraus,
kleine Raupe Nimmersatt?

2. Gruppe (Raupe): Wenn hell die Frühlingssonne lacht,
dann wird die Türe aufgemacht.
Es guckt ein kleiner Fühler raus,
ein bunter Flügel blitzt aus dem Haus.
Ganz feucht, zerknautscht, doch zappelt das Ding,
es breitet die Flügel: ein Schmetterling!
Der saust und schwebt im Sonnenschein,
macht mit, kommt alle zum Kreis herein!

Spiel vom kleinen Käfer

Kribbel, krabbel, kleiner Käfer
an dem Daumen hoch und runter
und hinauf den Zeigefinger
kribbel, krabbel, immer munter.
Nun der lange Mittelfinger!
Doch o weh – o weh – o weh –
runter fällt er in den Klee,
streckt die Beinchen in die Höh,
zappelt wild – tat das sehr weh?
Lieber kleiner Käfermann,
wer wohl so gut krabbeln kann?
Fang doch gleich von vorne an!

Am linken hochgestellten Arm krabbeln Daumen und Zeigefinger der rechten Hand langsam nach oben, dort den Daumen, Zeigefinger und Mittelfinger hoch und runter, dann fällt die rechte Hand herunter auf den Handrücken. Danach geht das Spiel wieder von vorne an.

Meerschweinchen Max … und andere Zungenbrecher

Vater versteckt bei den Veilchen und Vergißmeinnicht
vier gefärbte Eier.

Meerschweinchen Max
mümmelt morgens gern Marzipan.

Die Bärenkinder Billi und Bob
balgen sich beide um die Bananen.

Barbara und Biggi beobachten
hinter dem Weidenbusch am Bach einen Bienenschwarm.

Der Dackel von Doris düst drohend
auf eine Drossel los.

Vetter Fridolin versteckt hinter der Vogelscheuche
für Fabian viele Ostereier.

Mausetanz und weitere Abzählreime

Mausetanz,
Katzenschwanz,
Mäusekuchen,
du mußt suchen!

Bimmel, bammel, bommel,
die Maus, die schlägt die Trommel.
Die Grille schlägt ihr Lied dazu,
und ab bist du!

Mülle, Malle, Mille,
der Bär putzt seine Brille.
Die Brille ist ihm viel zu groß,
und du läufst los.

1–2–3–4–5,
der Bär hat keine Strümpf.
Die zog er sich beim Fischen aus,
und du bist raus.

Lirum, larum, Löffelstiel,
der Bär nascht Honig, aber viel.
Die Biene sticht ihn immerzu,
und ab bist du!

Ene–mene–mei,
der Bär nascht Honigbrei.
Dazu noch zehn Stück Blaubeerkuchen,
und du mußt suchen!

Hokus, pokus, fidibus,
der Bär, der knackt die dicke Nuß.
Paß auf mit deinem hohlen Zahn!
Und du bist dran!

Mi–Mu–Meck,
du bist weg.
Bi–Ba–Bär,
du kommst her.

Bixe–baxe–Bärenmaxen,
bitte, mach heut keine Faxen!
Bixe–baxe–baus,
du bist raus!

Maus, die mag gern schlecken,
in den Kellerecken,
Käse, Schinken, Wurst und Speck,
und du bist weg!

Kapitel 3: Kommt – wir singen, spielen, tanzen!

Wir laden ein zum Kinderfest

Text: Barbara Cratzius
Musik: Ludger Edelkötter

Ich stampfe auf, so laut ich kann,
und tippe meinen Nachbarn an.
Ich heb' die Knie, so hoch ich kann,
und lache meinen Nachbarn an.
Wir schaukeln alle hin und her,
wie auf dem großen blauen Meer.
La, la, la... wie auf dem großen blauen Meer,
la, la, la... wie auf dem blauen Meer.

Ich hab' zwei Ohren, Mund und Nas'
wie's Hoppelhäschen in dem Gras.
Das hoppelt lustig in dem Klee
und streckt die Ohren in die Höh.
Mein Bart ist lang und grisegrau,
ich bin der Kater Mauz-Miau.
La, la, la... ich bin der Kater Mauz-Miau,
la, la, la... bin Kater Mauz-Miau.

Ich bin ein großer Elefant,
ich stampfe durch das ganze Land.
Ich bin der Heuschreck Hoppsassa,
bald bin ich fern, bald bin ich nah.
Ich bin der Affe, schaut mich an,
der sich am Rücken kratzen kann.
La, la, la... der sich am Rücken kratzen kann,
la, la, la... am Rücken kratzen kann.

Nun schaut euch meine Flügel an,
wie ich als Amsel flattern kann!
Ich habe Flossen, schaut doch her,
ich schwimm' als Fisch durchs tiefe Meer!
Schaut euch die langen Beine an,
wie ich als Storch stolzieren kann!
La, la, la... wie ich als Storch stolzieren kann,
la, la, la... als Storch stolzieren kann.

Gesprochen:
Nun denkt euch alle noch mehr aus,
ein jeder hier im großen Haus!

Dieses Spiellied habe ich oft mit Erfolg an den Anfang von Kinderfesten gestellt. Auch zu Beginn einer Veranstaltung für Eltern und Erzieher habe ich dieses Spiellied gern eingesetzt.
Das gemeinsame Zuwinken, das Stampfen und Schaukeln führt zu einer entspannten, fröhlichen Spielatmosphäre auch bei Mitwirkenden, die sich noch gar nicht kennen. So ist es auch für den Beginn von Elternabenden in den Kindergärten und Schulen gut geeignet.
Am gemeinsamen Suchen nach neuen Versen beteiligen sich auch Erwachsene gern.

Die Geschichte vom dicken, süßen Pfannkuchen

Frei erzählt nach einem russischen Märchen

Die Erzieherin erzählt die Geschichte. Alle Kinder können die einfachen, sich wiederholenden Strophen mitsingen und sind von Anfang an in die Handlung miteinbezogen,

Melodie: Ein Vogel wollte Hochzeit machen. So auch weitere Strophen unten.

Melodie: Fuchs, du hast die Gans gestohlen

In einer Hütte lebte einmal ein armer alter Mann mit seiner Frau. Der Alte sprach: „Ich hab' so einen Appetit auf Pfannekuchen. Kratz doch mal in allen Ecken und Winkeln nach Mehl und Zucker und Butter. Vielleicht kannst du uns noch einen Pfannekuchen backen."

Die alte Frau kratzte alle Reste zusammen und backte einen schönen süßen Pfannkuchen. Den legte sie zum Abkühlen auf das Fensterbrett. Der Pfannkuchen lag erst eine Weile still. Dann rückte und rührte er sich, hüpfte vom Fensterbrett auf die Bank, von der Bank auf den Fußboden, rollte über die Schwelle zur Haustür, die Stufen hinunter auf den Hof, das Hoftor hindurch auf die Straße hinaus. Draußen sang er:

Ein Pfannekuchen, rund und schön,
der wollt' so gern spazieren gehn.
Fiderallala …

Der Großmutter bin ich entwischt,
ganz schnell, bevor ich aufgetischt.
Fiderallala …

Nun roll' ich her und roll' ich hin,
so schaut, wie rund und schön ich bin!
Fiderallala …

Bin heute hier und morgen dort
und packst du mich, dann bin ich fort.
Fiderallala …

Da kam ein Hase angehoppelt und rief: „Hei – was für ein schöner süßer Pfannekuchen!" Dann sang er:

Oh – du fetter Pfannekuchen,
bleib doch einmal stehn!
Bist so rund und dick geraten,
ich möcht' dich nah besehn!

Aber der Pfannkuchen rief: „Komm mir nicht zu nahe, Hase! Hör dir erst mein Liedchen an, bevor du mich fressen willst!" Und dann sang er:

Ein Pfannekuchen, rund und schön,
der wollt' so gern spazieren gehn.
Fiderallala ...

Der Großmutter bin ich entwischt,
ganz schnell, bevor ich aufgetischt.
Fiderallala ...

Nun roll' ich her und roll' ich hin,
so schaut, wie rund und schön ich bin!
Fiderallala ...

Bin heute hier und morgen dort
und packst du mich, dann bin ich fort.
Fiderallala ...

Der Hase saust und gibt sich Müh',
doch mich erwischt er sicher nie!
Fiderallala ...

Melodie: Fuchs, du hast die Gans gestohlen.

Und bei diesen letzten Worten rollte der Pfannkuchen weiter die Straße entlang, und der Hase konnte ihn nicht mehr einholen.
Nach einer Weile begegnete ihm der Wolf. Der bekam mächtigen Appetit auf den süßen Pfannekuchen. „Bleib stehen, Pfannekuchen!" rief er. Und dann sang er laut:

Oh – du fetter Pfannekuchen,
bleib doch einmal stehn!
Bist so rund und dick geraten,
ich möcht' dich nah besehn!

Aber der Pfannkuchen rief: „Bleib mir vom Leibe, Wolf! Hör dir erst mein Liedchen an, bevor du mich fressen willst!" Und dann sang er:

Ein Pfannekuchen, rund und schön,
der wollt' so gern spazieren gehn.
Fiderallala ...

Der Großmutter bin ich entwischt,
ganz schnell, bevor ich aufgetischt.
Fiderallala ...

Nun roll' ich her und roll' ich hin,
so schaut, wie rund und schön ich bin!
Fiderallala ...

Bin heute hier und morgen dort
und packst du mich, dann bin ich fort.
Fiderallala ...

Der Wolf, der läuft und gibt sich Müh'
doch mich erwischt er leider nie!
Fiderallala ...

Und bei diesen letzten Worten rollte der Pfannkuchen weiter die Straße entlang, und der Wolf konnte ihn nicht erwischen.
Nach einer Weile begegnete ihm der Bär. Dem lief das Wasser im Maul zusammen, und er rief: „Bleib stehen, schöner süßer Pfannekuchen!“ Und dann sang er:

Melodie: Fuchs, du hast die Gans gestohlen.

Oh – du fetter Pfannekuchen,
bleib doch einmal stehn!
Bist so rund und dick geraten,
ich möcht' dich nah besehn!

Aber der Pfannkuchen rief: „Nicht so nah heran, lieber Bär! Hör dir erst mein Liedchen an, bevor du mich fressen willst!“ Und dann sang er:

Ein Pfannekuchen, rund und schön,
der wollt' so gern spazieren gehn.
Fiderallala ...

Der Großmutter bin ich entwischt,
ganz schnell, bevor ich aufgetischt.
Fiderallala ...

Nun roll' ich her und roll' ich hin,
so schaut, wie rund und schön ich bin!
Fiderallala ...

Bin heute hier und morgen dort
und packst du mich, dann bin ich fort.
Fiderallala ...

Der Bär, der läuft und gibt sich Müh',
doch mich erwischt er leider nie!
Fiderallala …

Bei den letzten Worten aber war er schon ein ganzes Stück weitergerollt, und der Bär konnte ihn nicht mehr erwischen.
Hinter einem Baum lauerte der Fuchs. „Pfannkuchen, wohin rollst du so schnell?“ fragte er freundlich. „Ach, ich roll' nur so den Weg entlang!“
„Dann sing mir doch bitte ein Liedchen!“ bat der Fuchs. Und der Pfannkuchen sang:

Ein Pfannekuchen, rund und schön,
der wollt' so gern spazieren gehn.
Fiderallala …

Der Großmutter bin ich entwischt,
ganz schnell, bevor ich aufgetischt.
Fiderallala …

Nun roll' ich her und roll' ich hin,
so schaut, wie rund und schön ich bin!
Fiderallala …

Bin heute hier und morgen dort
und packst du mich, dann bin ich fort.
Fiderallala …

Gib, Füchslein, dir doch keine Müh',
auch du erwischst mich sicher nie!
Fiderallala …

„Das ist ein schönes Lied!“ meinte der Fuchs. „Aber ich bin leider so schwerhörig! Setz dich doch bitte vorn auf meine Schnauze und sing ein bißchen lauter!“
Da hüpfte der Pfannkuchen dem Fuchs auf die Nase und sang das Lied noch einmal.
„Ich kann es immer noch so schwer verstehen!“ jammerte der Fuchs. „Bitte setz dich doch auf mein Zünglein und sing mir noch einmal, ein letztes, Mal, dein Liedlein vor!“
Der Pfannkuchen hüpfte dem Fuchs auf das Zünglein und – schwupp – war er verschwunden.

Spiel vom Geburtstag für ein kleines Bärenkind

Dieses Spiel könnt ihr auch singen auf die Melodie: „Horch, was kommt von draußen rein?"

Guten Morgen, kleiner Bär, (hollahi ...)
heute kommen alle her!
Aus dem Walde, groß und klein,
alle lädst du heute ein.

Die Bärenkinder stehen um einen Tisch herum, der mit Decken verhängt ist und locken das Geburtstagskind heraus.

Kriech aus deiner Höhle raus,
aus dem warmen Bärenhaus.
Soviel Kerzen brennen hier,
wir alle gratulieren dir.

Auf dem Tisch brennen (3,4,5,6) Geburtstagskerzen.

Schau, auf dem Geburtstagstisch,
da liegt schon ein leckrer Fisch!
Honigplätzchen mit Haselnuß,
Erdbeerkuchen mit Himbeermus.

Aus Styropor kann ein großer Fisch ausgeschnitten werden. Die anderen Leckereien können je nach der Jahreszeit variiert werden.

Doch zuerst wird jetzt getollt,
auf dem weichen Moos gerollt.
Bärchen kann so gut Kobolz,
Handstand auch, es ist ganz stolz.

Die Bärenkinder rollen und turnen auf den Matten herum.

Oh, was juckt uns da am Po?
Ist das wohl ein frecher Floh?
Juck mal hier und kneif mal dort,
ist der böse Floh bald fort?

Immer zwei Bärenkinder „lausen" und kratzen sich gegenseitig.

Seht, hier unten blüht schon Klee,
auf den Bergen liegt noch Schnee.
Mit den Tatzen – tippe, tapp,
und dann sausen wir schnell hinab.

Die Bärenkinder stapfen pantomimisch den Berg hoch. Dann ziehen immer zwei Bärenkinder ein drittes auf einer Decke quer durch den Raum.

Klettern auf den Baum ist fein,
wer wird erster oben sein?
Klettern kann ein Bärchen gut,
ist sehr stark und hat viel Mut.

Die Bärenkinder klettern pantomimisch einen (gedachten) Baum hoch. Sie spreizen dabei die Finger wie Krallen. Die Kinder können aber auch auf richtige Stühle, Tische, Bänke usw. klettern.

Jetzt seid ihr in Sicherheit,
schaut herum, die Welt ist weit.
Wackelt nicht, gut aufgepaßt,
sonst kippt ihr vom höchsten Ast.

Wenn wir auf wirkliche Gegenstände klettern, können einige Kinder als Füchse und Wölfe herumlaufen. Sie dürfen nur die Bärenkinder abschlagen, die noch keinen „Baum" (Sprossenleiter, Fensterbrett, Bank ...) gefunden haben.)

Ene, mene, mane, mu, 1–2–3, und raus bist du! Du mußt suchen, schnell versteckt! Ob uns jemand hier entdeckt?	Kinder zählen ab, einer muß suchen, die anderen verstecken sich gut.
Bären, die sind sehr geschickt, ob das große Kunststück glückt? Wirf den Ball dort an die Wand, fang ihn mit der rechten (linken) Hand!	Der Ball wird an die Wand geworfen, das gleiche Kind oder ein anderes fängt ihn auf.
Bären, die sind sehr geschickt, ob auch dieses Kunststück glückt? Roll den Ball nun hin und her, fang ihn auf, das ist nicht schwer!	Die Bärenkinder stehen mit gegrätschten Beinen da. Ein Kind rollt den Ball hindurch, ein anderes fängt ihn hinten auf. Wenn genügend Bärenkinder da sind, kann das Spiel auch als Wettspiel gespielt werden.
Bären, die sind sehr geschickt, ob auch dieses Kunststück glückt? Holt den runden Stab heran, wer darüber klettern kann?	Jedes Bärenkind bekommt den Gymnastikstab. Ohne die Hände vom Stab zu lösen, klettert es darüber.
Bären, die sind sehr geschickt, ob auch dieses Kunststück glückt? Hebt den Stab mit Füßen an, wer ihn weitergeben kann?	Die Bärenkinder liegen auf dem Rücken, heben den Stab mit den Füßen hoch und geben ihn an das nächste Kind weiter, das den Stab mit den hoch erhobenen Füßen empfängt.
Bärenkinder sind geschickt, ob auch dieses Kunststück glückt? Legt den Stab auf beide Arm', wer ihn weiterrollen kann?	Der Stab wird von den eigenen ausgestreckten Armen auf die ausgestreckten Arme des Nachbarkindes gerollt; es kann auch mit den Beinen gerollt werden.
Müd' ist jedes Bärenkind, in die Höhle nun geschwind. Geburtstag, das hat Spaß gemacht, alle haben mitgemacht!	Die Bärenkinder kriechen unter den Tisch.
Jedes Kind, das rollt sich ein, draußen fängt es an zu schnein. In der Höhle ist es warm, gemütlich ist's in Mutters Arm.	Einige Kinder tanzen als Schneeflocken herum. Immer zwei Bärenkinder schlafen zusammen ein. Die Bärenmutter legt den Arm um das Bärenkind.
Bald ist diese Nacht vorbei, dann geht's los mit 1–2 und drei! Bärenkind, ich tipp' dich an, unser Fest beginnen kann.	Ein Schneeflockenkind tippt ein Bärenkind an, und das Spiel fängt noch einmal an!

Kleines Geburtstagsspiel

Auf die Melodie des Liedes „Meister Jakob" zu singen.

Wo ist Peter? Wo ist Peter?
Holt ihn her! Holt ihn her!
Peter hat Geburtstag! Peter hat
Geburtstag!
Peter lebe hoch! Peter lebe hoch!

Das Geburtstagskind wird vor die Tür (oder aus dem Kreis) geschickt. Bei „Holt ihn her!" gehen zwei Kinder aus dem Kreis und holen Peter herein. In der Mitte des Kreises ist dann die Geburtstagsüberraschung mit der brennenden Kerze aufgebaut.

Schöne Dinge basteln

Kunterbuntes in Kugeltechnik (Gruß- und Einladungskarten)

Ihr benötigt: Weißes Papier, Schuhkarton (in ausreichender Größe), 4 bis 6 Kugeln (z.B. Murmeln), Fingerfarbe

Herstellung: Ihr legt in den Schuhkarton jeweils ein Blatt Papier und verteilt darauf einige Farbtropfen (verschiedenfarbig). Jetzt gebt ihr die Murmeln in den Kasten und bewegt diese hin und her, so daß die Murmeln über die Farbtropfen rollen. Auf dem Blatt entstehen viele Farbstraßen.
Wenn euch das Blatt gefällt, nehmt die Murmeln heraus und säubert sie.

Weitere Gestaltungsvorschläge: Geschenkpapier (z.B. mit Seidenpapier), Laternen (Pergamentpapier oder Architektenpapier) oder einfach als Bild im Bilderrahmen.

B. Backhaus/Chr. Bickmann

Fröhlicher Frühlingskranz

Material: 1 kleiner Styroporkranz, eine runde/eine flache Seite, 15 cm ø, 4 Filzstücke, ca. 32 x 20 cm (Farbe kann gewählt werden; gelbe und grüne Töne sind sehr geeignet), 3 ausgeblasene Eier, Wollreste, Blumendraht, 1 Zickzackschere, 1 kleiner Schraubenzieher

Ausführung: Aus dem Filz werden ca 4 x 4 cm große Quadrate mit der Zickzackschere geschnitten und mit einem Schraubenzieher in den Styroporkranz hineingedrückt.
Die ausgeblasenen Eier werden mit Fingerfarbe oder Plakafarben bemalt und an Wollfäden unterschiedlicher Länge am unteren Kranzteil mit Blumendrahtkrampen befestigt.
Zuletzt wird der Kranz mit einem Wollfaden mit Blumendraht-Krampe aufgehängt.
Der Kranz kann auch mit anderen Stoffresten bzw. mit glänzendem Futterstoff bestückt werden.
Er kann in beliebiger Größe angefertigt werden; dementsprechend liegt der Materialverbrauch dann höher.

M. Bülk

Bunter Hahn

Aus schwarzem, braunen oder weißen Pfeifenputzerdraht schneidet man drei unterschiedlich lange Stücke zu, klebt zwei davon nebeneinander und das dritte (das kürzeste) auf diese beiden Stücke. So erhält man die nötige Fülle. Das Hinterteil wird zum Schwanz umgebogen und mit einer längeren Feder beklebt.
Auf den Kopf klebt man den „Kamm", den man aus rotem Filz zugeschnitten hat.
Als Augen verwendet man zwei sehr kleine Perlen.
Ein kleines Stück roter Filz wird unter den Kopf geklebt.
Wenn man unter den unteren Rand ein Stück Pfeifenputzer hindurchzieht, und dann zusammendreht, kann der Hahn auf den Finger gesteckt oder als Tischschmuck aufgestellt werden.

L. Falkenstein

Das lustige Stri-Stra-Straßen-Spiellied

Text: Barbara Cratzius
Musik: Ludger Edelkötter

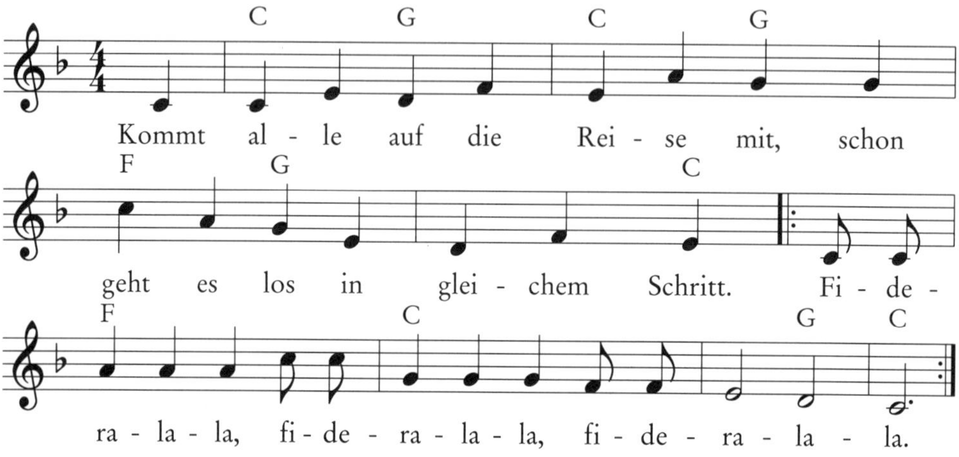

Die Kinder legen die Hände auf die Schulter des Vordermanns, und die Reise geht im Gleichschritt quer durch den Raum los. Schlaginstrumente können die Reise begleiten.
Nach jedem Vers wird „Fideralala…" gesungen und die entsprechenden Bewegungen gemacht.

Ein Berg, ein Berg, nur nicht so schnell,
wir kommen langsam von der Stell.

Nun geht es runter – schnell – oho,
schon rutschen wir auf unserm Po.

Die Kinder heben die Beine hoch und gehen langsam vorwärts. Dann können sie auf schräg gestellten Schwebebalken herunterrutschen.

Da fließt ein großer breiter Fluß,
und jeder ganz weit springen muß!

Nun sind wir in der großen Stadt,
die so viel tolle Straßen hat.

Der „Fluß" kann mit Seilen oder blauen Bändern markiert werden. Mit einem „Signal" (Paukenschlag, Trommelwirbel, Triangel) wird die Ankunft in der Stadt angekündigt.

Die „Hüpfstraße" da vorn beginnt,
da hüpfen‿und‿hampeln wir geschwind.

Die Kinder laufen auf dem linken (rechten) Fuß hüpfend vorwärts und spielen dann den „Hampelmann".

Jetzt fängt die Streichelstraße an,
wo ich dich ganz lieb streicheln kann.

Immer zwei Kinder stehen sich gegenüber, zuerst streicheln sie sich, dann kitzeln sie sich.

Jetzt fängt die Kitzelstraße an,
wo ich dich ganz doll kitzeln kann.

Jetzt fängt die Li-La-Lachstraße an,
wo jeder ganz doll lachen kann.

Diese Strophe ergibt zuerst ein lustiges Lachkonzert, dann folgt ein „Heulkonzert".

Jetzt fängt die Hi-Ha-Heulstraße an,
wo jeder ganz laut heulen kann.

Jetzt fängt die Hexenstraße an,
wo jeder auf dem Besenstiel fliegen kann.

Die Kinder sausen auf einem gedachten Besenstiel vorwärts und spucken pantomimisch Feuer.

Jetzt fängt die Drachenstraße an,
wo jeder Feuer spucken kann.

Jetzt fängt die Hundestraße an,
wo jeder ganz laut bellen kann.

Die Kinder bewegen sich bellend auf allen Vieren vorwärts, dann stolzieren sie krähend weiter.

Jetzt fängt die Hahnenstraße an,
wo jeder ganz laut krähen kann.

Jetzt fängt die Vogelstraße an,
wo jeder ganz hoch fliegen kann.

Die Kinder „fliegen" mit ausgebreiteten Armen vorwärts, dann tappen sie „bärenmäßig" mit lautem Brummen vorwärts.

Jetzt fängt die Bärenstraße an,
wo jeder ganz laut brummen kann.

Das Straßenspiel, das ist nun aus,
wir fahren alle schnell nach Haus.

Die Kinderschlange bewegt sich wie zu Anfang vorwärts, nur ist diesmal der letzte der erste; es haben sich also alle Kinder umgedreht!

Wir springen übern Fluß, hurra!
Das Tal, der Berg, sind auch noch da!

Doch nun sind endlich wir zu Haus,
da ruhen wir uns alle aus!

Die Kinder legen sich am Schluß auf ausgebreitete Decken, kriechen auch unter die Decken, rollen sich in die Decken ein und „schlafen". Ein Gong kann sie zu einem neuen Straßenspiel wecken.

Dieses Spiel kann beliebig fortgesetzt und erweitert werden. Für den Spielverlauf sind die vier Phasen wichtig, in denen das Spiel abläuft: Die Fortbewegungsphase, bei der die Kinder die Hände auf den Rücken des Vordermannes legen, die verschiedenen Spielformen in den „Straßen", die „Rückreise" und die Ausruhphase.

Wie Eule und Rabe zu ihrem Federkleid kamen

Frei erzählt nach einem Märchen der Eskimos

Dieses Märchen können wir auf verschiedene Weise nachgestalten. Wir können den Kindern Bilder (Fotos) einer Eule und eines Raben zeigen, wenn es nicht möglich ist, die beiden Vögel im Zoo/Tiergehege zu sehen. Auf großen Bögen malen die Kinder die Umrisse ihrer Eule (große Eulenaugen, Eulenschnabel) und „ihres Raben“.
Wenn die Geschichte vorgelesen wird, können die Kinder ihren Vogel „anmalen“. Das geht gut und schnell mit Fingerfarben, mit denen die Kinder Tupfen, Punkte und breite Striche gestalten können. Die beiden Vogelbilder werden anschließend im Gruppenraum aufgehängt und werden die Kinder noch lange begleiten.

Vor langer Zeit waren Eule und Rabe gute Freunde. Sie teilten sogar ihre Leckerbissen. Eines Tages sagte die Eule: „Wir haben beide so graue, unscheinbare Federn. Die anderen Vögel sehen so schön bunt aus. Wollen wir uns nicht gegenseitig ein bißchen anmalen?“
„Das ist ein toller Einfall“, krächzte der Rabe. „Ich will gleich Farbe holen!“

Er zog sich seine Schwanzfeder aus und tunkte sie in einen Topf mit schwarzer Farbe. „Aber bleib schön still sitzen“, sagte er, „das Malen ist eine anstrengende Sache!“ Er malte der Eule viele Striche und Tupfer und Punkte auf ihre grauen Federn. Als die Arbeit fertig war, trippelte er wohlgefällig um die Eule herum. „Was bin ich doch für ein großer Künstler!“ rief er. „Du bist ein herrlicher Vogel geworden!“ – „So, jetzt möchte ich auch ein schönes Federkleid bekommen!“
Die Eule schlug mit den Federn und plusterte sich auf. Das lange Stillsitzen war ihr schwer gefallen. „Warum soll der arme Rabe so lange auf einem Fleck hocken“, dachte sie. „Meine Malkunst soll schneller gehen!“
„Setz dich hier auf einen Stein!“ sagte sie. „Du darfst die Augen erst aufmachen, wenn ich es dir sage.“
Der Rabe tat, wie ihm befohlen. Mit kräftigen Strichen malte die Eule drauf los. Kopf, Rücken und Flügel bekamen eine tiefschwarze Farbe. Ruckzuck – war sie fertig. „Du kannst die Augen aufmachen!“ befahl sie.
Der Rabe hüpfte erwartungsvoll zu einer Pfütze, um sein Spiegelbild zu bewundern. „Ich bin ja schwarz – von Kopf bis Fuß, schrecklich!“ stöhnte er. – „Was hast du denn?“ fragte die Eule erstaunt. „Vornehm und edel siehst du aus mit deinem schwarzen Anzug! Wie das von weitem glänzt und schimmert!“
„Du faule Eule – ich will dich nicht mehr sehen!“ krächzte der Rabe. „Fort – aus meinen Augen!“
Die Eule flog ängstlich fort, tief in den Wald und wagte sich seitdem nur noch nachts heraus.
Bis auf den heutigen Tag haben die beiden ihr Gefieder behalten: Die Eule hat ein getupftes Federkleid, und der Rabe sieht kohlrabenschwarz aus.

Vor langer Zeit, vor langer Zeit,
da mochten sich Eulen und Raben.
Wenn einer einen Bissen fand,
fragte er: „Willst du ihn haben?"

Sie waren alle beide grau,
ganz blaß die Federkleider.
So viele Vögel waren bunt.
„Ach, wir sind häßlich – leider!"

Die kluge Eule dachte nach
und sprach zum grauen Raben:
„Warum nur sollten du und ich
nicht schön're Federn haben?"

Der Rabe holt den Farbentopf
und krächzt: „Nun setz dich, Eule!
Mein Pinsel ist die Feder hier!
Sei still! Laß dein Geheule!

Ich mal' auf jedes Federchen
dir Striche, schwarze Tupfen!
Auch auf den weichen Eulenbauch,
willst du die Federn lupfen?"

Und als die Arbeit fertig war,
da rief er voller Freuden:
„Ich bin ein toller Malersmann,
mein Kunstwerk mag ich leiden!

Nun nimm auch du die Feder hier,
du sollst mich auch verschönen!
Doch gib dir Mühe, keiner soll
mich noch einmal verhöhnen!"

Der Eule tat der Buckel weh
vom langen Stillesitzen.
„Warum soll denn der Rabe auch
so lange, lange schwitzen?"

Und ganz geschwind, 1, 2 und 3,
rasch hin- und hergezogen.
Den schwarzen Pinsel ganz geschickt
schwingt sie in hohem Bogen.

„Nun bist du fertig, guter Freund.
Jetzt komm und lache – staune!"
Der Rabe hüpft zur Pfütze hin,
ganz schlecht wird seine Laune.

„Ich bin ja schwarz von Kopf bis Fuß,
du böse, böse Eule!
Du bist ein fauler, dummer Wicht
so laß nur dein Geheule!

Flieg fort aus meinen Augen – schnell!
Ich werd' dich kratzen, fangen!"
So ist's dem grauen Vogelpaar
vor langer Zeit ergangen.

Und hörst du nachts die Eulen schrein:
Sie dürfen nachts nur fliegen,
sonst würden sie wohl heute noch
zehn Schnabelhiebe kriegen.

Wir können die Malszene auch als Fingerspiel gestalten.
Dabei malt jeweils der Zeigefinger der einen Hand die gegenüberliegende Hand an. Wenn zwei Kinder daran beteiligt sind, macht es besonders Spaß. Dabei sollten die Rollen gewechselt werden, weil es besondere Freude macht, das Eulengefieder zu gestalten. Ängstliche und gehemmte Kinder werden die „Streicheleinheiten" dankbar empfangen. Dabei können auch Spannungen innerhalb der Gruppe abgebaut werden. Für eine kleine Aufführung kann die Erzieherin den Text auch in nebenstehender Versform vorlesen.

„Leicht-verrückte" Tiergeschichten

Bei einem Frühlingsfest könnt ihr dieses lustige Tierlied singen, spielen, tanzen, das euch geradezu auffordert, noch weitere verrückte „Lügenstrophen" zu erfinden. Ihr könnt es singen auf die Melodie: Ein Vogel wollte Hochzeit machen.

Die Ziege flog heut übers Haus
und streckte uns die Zunge raus.
Fiderallala …

Die Kuh holt sich ein Kopftuch her
und segelte weit übers Meer.

Das Schwein zog sich die Stiefel an:
„Mal sehn, ob ich drin tanzen kann!"

Das Pferd trug Schleifen an dem Schwanz,
die flatterten beim Pferdetanz.

Die Katze mauzt: „Ich trag' 'nen Hut,
der paßt zu meinen Pfoten gut!"

Der Hund ein Pfauenrad heut schlägt,
so groß, daß er sich kaum bewegt.

Der Kamm vom Hahn ist heute blau,
die Henne nimmt's nicht so genau.

Das Schaf trägt einen Federkranz,
der flattert lustig rum beim Tanz.

Der Hase zieht die Flossen an,
mal sehen, ob er schwimmen kann!

Der Igel trägt ein Flatterkleid,
die Stacheln flattern meilenweit.

Der Storch, der läßt das Klappern sein,
der quiekt heut laut, grad wie ein Schwein!

Wer düst mit Flügeln um die Eck!
Ihr glaubt es nicht, das ist die Schneck!

Der Regenwurm, der Regenwurm,
der sitzt heut auf dem Glockenturm.

Das Känguruh, das Känguruh,
macht seine Tasche auf und zu.

Gespenstersong und -spiele

Auf die Melodie:
„Zehn kleine Negerlein" zu singen.

Habt ihr elf Gespensterchen
am Kirchturm heut gesehn?
Die Eule hat sie so erschreckt,
da waren's nur noch zehn.

Seht die zehn Gespensterchen,
die schweben durch den Wald.
Das eine schreit: „Nein, ich hau' ab,
mir ist im Nachthemd kalt!"

Hört die neun Gespensterchen
im Schloß um Mitternacht.
Das eine heult: „Ihr macht so Krach!"
Hat sich davongemacht.

Hört die acht Gespensterchen,
die tobten rum wie toll.
Das eine brüllt: „Seid ihr verrückt?
Ich hab' die Nase voll!"

Seht die sieben Gespensterchen,
die tanzten mit der Hex.
Dann tranken sie vom Zauberschnaps,
da waren's nur noch sechs.

Seht die sechs Gespensterchen,
die tanzten ohne Strümpf.
Das eine hat sich's Bein verstaucht,
da waren's nur noch fünf.

Seht die fünf Gespensterchen
dort vor der Kellertür.
Das eine klemmte sich die Nas',
da waren's nur noch vier.

Seht die vier Gespensterchen,
die aßen Hexenbrei,
mit Schlangenhaut und Rattenschwanz,
da waren's nur noch drei.

Seht die drei Gespensterchen
die tobten wild im Heu.
Das eine hat die Katz erwischt,
da waren's nur noch zwei.

Seht die zwei Gespensterchen,
die trommeln -- hipp -- hurra!
Kommt schnell aus allen Ecken her,
hui -- war'n sie wieder da!

Seht die elf Gespensterchen
im Schloß um Mitternacht.
Tanzt alle mit bis morgen früh,
heut wird Klamauk gemacht.

Bei diesem Gespenstersong verschwinden zunächst nacheinander die Gespenster, verstecken sich im Raum und schweben am Schluß zum Gespenstertanz alle wieder herbei.

Gespensterspiel

Material: 1 Bettlaken oder 1 Store.
Einige Kinder oder Mütter halten das Tuch rundherum fest, und andere Kinder hocken sich darunter.
Das Tuch wird über den Kindern auf- und abbewegt. Die Kinder unter dem Tuch rufen: „Hui, hui, huu ...!" Zuerst ganz leise, dann immer lauter werdend (5mal).
Beim letzten Ruf springen die Kinder auf und stoßen das Tuch nach oben.

Gespenster erkennen

Material: Durchsichtiges Tuch für das Gespenst.
Gespenster haben Namen, an denen sie zu erkennen und zu unterscheiden sind. Diese Namen werden nicht gerufen, sondern rhythmisch dargestellt durch

Klatschen z.B. — - -- --/- -- -/
Patschen
Stampfen
Schnalzen
Pfeifen z.B. ____/- — -/__ ___ ____/
Summen
und so weiter!

Das Gespenst hält sich hinter einer aufgespannten Wolldecke, Faltwand oder einem größeren Karton versteckt.
Es verrät seinen Namen erst, wenn die Gruppe es mit folgendem Spruch darum bittet:

„Gespensterkind, wir warten schon,
wann kommt dein Gespensterton?"

oder:

„Gespensterkind, Gespensterkind,
wir woll'n dich hören jetzt geschwind!"

Das Gespenst gibt rhythmisch seinen „Namen" bekannt. Die Gruppe kann, das Gespenst bei seinem Namen „rufen" (z. B. Klatschgespenst), wonach es erscheint und ein neues Gespenst auswählt. Dazu können die Kinder rufen:

Gespensterkind, ja, wir sind schlau,
wir machen alles nach genau.

(Nach dem rhythmischen Patschen, Klatschen ...):

Das war doch gar nicht schwer,
komm endlich zu uns her!

(Wenn das Gespenst erscheint):

Such dir ein neues Gespensterkind,
damit das Spiel von vorn beginnt.

U. Weber

Anmerkung: Die Gruppe sollte schon über Erfahrungen im Gestalten von Rhythmen durch Körperinstrumente verfügen (Lieder oder Verse, die durch Stampfen, Klatschen usw. begleitet

Kapitel 4: Am Waldrand und am Weiher

Fuchstanz im

Die Wellen vom Wiesenbach hüpfen über die Steine. Es ist noch ganz früh am Morgen. Die ersten Sonnenstrahlen tanzen auf dem sprudelnden Wasser. Scharbockskraut und Trollblumen am Uferrand haben schon ihre gelben Blütenblätter aufgeschlagen.
Mit einem großen Satz setzt die Fuchsmutter über das Wasser. „Nun kann der alte Spitz vom Bauernhof schnüffeln. Drüben auf der anderen Seite vom Bach wird er mich nicht mehr finden!" Ihre feuerrote Rute leuchtet in der Morgensonne. Sie ist satt und zufrieden. Gerade hat sie drei fette Mäuse erwischt.
Die Sonnenstrahlen wärmen ihren dicken roten Pelz. „Toll, der kalte Winter ist vorbei. Die Mäuse kommen aus ihren Gängen. Und fünf gesunde hübsche Kinder hab' ich in der Fuchshöhle!" Sie tanzt und springt umher. Sie wirft ihren Schwanz hoch empor, daß er über den Rücken weht wie eine rote Flamme. Ihre spitzen weißen Zähne blitzen. Sie schnellt wieder hoch, dreht und überschlägt sich vor Freude.
Aber dann denkt sie an ihre hungrigen Jungen. Sie schleicht schnell weiter durch das hohe Wiesengras. Ein Sprung – da hat sie die nächste Maus erwischt, und da noch eine! Mit langen Sätzen jagt sie zum Bau zurück.

Vorbemerkung: Die Tiere überstehen auf verschiedene Weise die lange Winterzeit. Vögel, Hasen, Füchse, Rehe, Hirsche u.a. schlagen sich schlecht und recht durch die kalten Wintertage.
Wenn Eis und Schnee die Futterstellen bedecken, können wir Menschen den Tieren bei der Nahrungssuche helfen. Auf Wanderungen im Wald und in Parks können wir zuschauen, wie der Förster die Futterkrippen füllt. Am Futterhäuschen vor den Fenstern beobachten die Kinder bis in den März hinein, wenn der letzte Schnee getaut ist, die gefiederten Freunde.
Eine ganze Reihe von Tieren hält **Winterruhe**. Dabei bleiben Körpertemperaturen und alle Lebensabläufe der Tiere normal. Sie wachen nur ab und zu auf und nehmen Nahrung zu sich (z.B. das Eichhörnchen).
Bei anderen Tieren (z.B. Fledermaus, Biber, Hamster, Igel, Haselmaus und Murmeltier) sinkt die Körpertemperatur herab; die Atmung verlangsamt sich, und das Herz schlägt langsamer. Diese Tiere müssen sich im Herbst einen dicken Winterspeck anfressen, damit sie den langen **Winterschlaf** überstehen können.

Frühlingssonnenschein

Hinweise für die Erzieherin: Die Füchse jagen meist abends oder nachts. Sie hetzen ihre Beute nicht wie der Hund oder Wolf, sondern schleichen sich vorsichtig an. Sie jagen Mäuse, Kleinvögel, Maulwürfe, Hasen, verschmähen auch Käfer, Frösche, Eidechsen nicht. Tagsüber schlafen sie in ihren unterirdischen Kesseln, die durch viele Röhren ineinander verbunden sind und verschiedene Ausgänge haben. Die Füchsin bringt einmal im Jahr sechs bis acht Jungen zur Welt. Der Fuchsvater beteiligt sich an der Nahrungssuche. – Mit einem Monat beginnen die Fuchskinder, vor dem Bau zu spielen und lernen von den Eltern das Beutefangen. Im Herbst machen sich die Fuchskinder selbständig.

Da strecken sich ihr schon fünf kleine schwarze Schnauzen entgegen. „Japp, japp, Hunger!“ fiepen sie. Die Fuchsmutter schiebt ihnen die Beute hin. „Na, euer Vater hat sich heute ja auch angestrengt“, ruft sie, als sie die abgenagten Hühnerbeine vor dem Bau sieht. Da knackt es im Gesträuch. Wie der Wind sind die Fuchskinder in dem tiefen Bau verschwunden. Zärtlich leckt die Fuchsmutter ihre Jungen. „So, nun wird ein bißchen geschlafen!“ flüstert sie. „Wenn es dunkel wird, geh' ich wieder auf die Jagd.“ Da schmatzen die Kleinen die gute Fuchsmilch. Aber schlafen wollen sie nicht. „Noch ein bißchen spielen vor dem Bau“, bettelt der große Fips. Er hat einen hellen Fleck auf der Brust und einen schwarzen über der Schnauze. Wie ein verwegener Pirat sieht er aus.

Und dann spielen sie Anschleichen und Verstecken, Erschrecken und Haschen, ganz wie kleine Menschenkinder.

Und Tanzen können sie auch schon! Fips wirft den roten Schwanz am höchsten mitten im dichten grünen Farnkraut. „Du wirst noch mal Fuchstanzweltmeister!“ ruft die Mutter und leckt ihren Fips zärtlich hinter den Ohren.

Habt ihr Lust, die Fuchsfamilie mit ihrem feuerroten Pelz zu malen? Sicher macht euch auch das Spielen, Verstecken, Anschleichen und Haschen der Fuchskinder Spaß!

Wie Quicks, der kleine Frosch, groß wird

Die Märzsonne schien warm auf das dichte Schilfgras am Weiher. „Hops, hops, noch drei Hopser bis zu dem hohen Schilfrohr, dann sind wir da", quakte die Froschmutter Josefine. „Lieber Mann, bist du aber schwer auf meinem Rücken, Hugo! Das ist das letzte Mal, daß ich dich zum Teich trage!"
Schwupp – in einem hohen Bogen sprangen die beiden hinein. Das plumpste so laut, daß die Libellen erschreckt hochflogen.
„So, drüben am Seerosenblatt lege ich unsere Eier ab", quakte Josefine. Wohlgefällig betrachtete sie den großen Eierball mit den vielen kleinen Eiern. Josefine und Hugo schwammen davon. „Die werden alleine groß!" quakte Josefine. „Gut, daß wir uns nicht mehr drum kümmern müssen! Nach etwa vier Wochen, Ende April, schlüpfen die kleinen Kaulquappen!"
Quicks ist als einer der ersten aus dem Ei geschlüpft. Er hat einen kleinen kräftigen Schwanz. Rasch schlängelt er sich vorwärts.
„Mm – die Algen schmecken aber heute gut!" gurgelt er. Hin und her schlängelt er sich geschwind. Ab und zu spielt er mit seinen vielen Geschwistern Fangen und Verstecken.
Nach und nach wachsen ihm die kleinen Füße. Ganz geschickt kann er damit herumturnen. „Wie gut, daß ich so viele kleine Haftscheiben an den Füßen habe!" quakt Quicks. Und dann übt er die vielen kleinen Kunststücke, bei denen ihm die Geschwister bewundernd zuschauen.

Mit einer Hand, mit einer Hand
erklimme ich die steilste Wand.

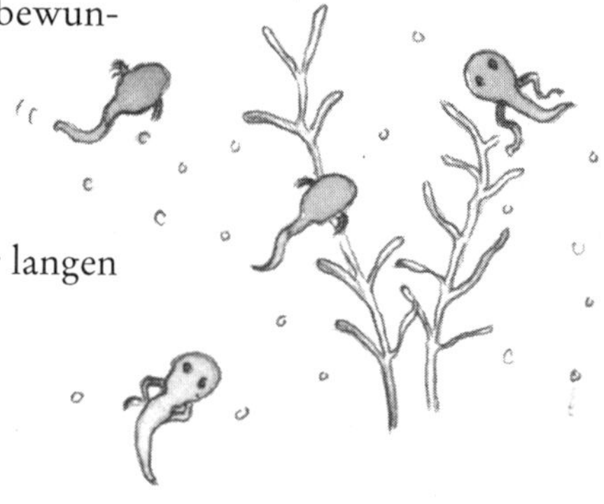

prahlt Quicks und zieht sich geschickt an einer langen Wasserpflanze hoch.

Quicks, der kann sich strecken, recken,
neue Halme stets entdecken!

Hinweise für die Erzieherin:
Das Laubfroschweibchen sucht mit dem Männchen huckepack auf dem Rücken im März einen Teich oder See. Dort umfaßt das Männchen den Leib des Weibchens mit den Vorderfüßen und preßt ihn zusammen. Dadurch wird der Eileiter entleert. Das Männchen befruchtet die Eier gleich nach dem Austreten mit seinen Spermien. Der Froschlaich – bestehend aus unzähligen Eiern – sinkt zunächst auf den Grund des Teiches und steigt dann nach oben. Nach vier Wochen schlüpfen die Larven, die Kaulquappen, aus.
Diese atmen zunächst durch Kiemen wie die Fische. Sie bewegen sich mit dem langen Ruderschwanz vorwärts. Später entwickeln sich zuerst die Hinterbeine, dann die Vorderbeine, der Schwanz schmilzt ein. Die Tiere atmen durch Lungen und durch die Haut. Nun können sie das Wasser verlassen.
Bei der Hautatmung wird der Sauerstoff durch die feuchte Haut aufgenommen. Deshalb dürfen wir den Frosch auch nicht zu lange in der warmen Hand halten. Wir müssen ihn bald wieder in den Teich oder auf die feuchte Wiese setzen. Frösche können sehr gut sehen und mit den langen Hinterbeinen ausgezeichnet springen und schwimmen. Beim Schwimmen schiebt sich vor die Augen eine dünne durchsichtige Haut.
Laubfrösche stehen bei uns auf der Roten Liste, d.h. sie sind vom Aussterben bedroht und deshalb geschützt.

quakt Quicks, und schon wieder hat er einen langen Halm erklommen. Neugierig und wachsam schaut er umher.

Quicks, der hat ganz tolle Augen,
die zum Beutefangen taugen!

denkt er und – wupp – hat er seine lange klebrige Zunge vorgestreckt und zwei Mücken erbeutet. Nun liegt Quicks auf einem Seerosenblatt auf der Lauer.

Heuschrecke, so sieh dich vor,
Quicks, der springt ganz schnell empor!

denkt Quicks und beobachtet mit großen Augen, wie eine kleine Heuschrecke auf dem Blatt entlangkriecht. Wupp – hat er sie erwischt! Aber er muß auch selbst auf der Hut sein. Von hinten hat sich eine Gottesanbeterin herangeschlichen. Die sieht genauso grün aus wie die Blätter am Ufer.

Quicks, hast du sie nicht gesehn?
Quicks, gleich ist's um dich geschehn!
Quicks – streck deine Beine aus!
Spring ins Wasser weit hinaus!

Patsch – da landet er im Wasser. Schwimmen kann der Quicks wie ein Weltmeister. Er legt die Arme eng an den Körper und spreizt die langen Hinterfüße. Die Nasenlöcher sind verschlossen.
Eine dünne Schutzschicht schiebt sich über die Augen. Ruck-zuck-ruck-zuck – schon ist Quicks am anderen Ufer.
Die Augustsonne geht in rötlichem Schimmer hinter dem Teich unter. „Zeit, schlafen zu gehen“, denkt Quicks. Unter einem großen Blatt am Rande des Teichs findet er Schutz. Da kauert er sich zusammen. Aber noch im Schlaf halten die Haftscheiben an seinen Fingern ihn am Stengel fest.
Sanft wiegt der Abendwind den kleinen Quicks hin und her. „Morgen wird wieder ein schöner Froschtag! Herrlich ist das Leben hier am Teich!“
Und dann ist er eingeschlafen.

Froschwettlauf – das ist gefährlich!

Text: Barbara Cratzius
Musik: Ludger Edelkötter

Fix, der streckt die langen Beine,
schafft es bis zur Hecke fast.
Fox, der stolpert übern Drahtzaun,
landet auf dem Weidenast.

Und die grünen Fröschefrauen
feuern forsch die Herren an,
daß man's bis zur alten Pappel
vor dem Dorfkrug hören kann.

Und sie strecken ihre Beine
immer schneller in den Matsch.
Fix und Fox und all die andern
Glotzauge und Plitsch und Platsch.

All die Mücken, all die Fliegen
nehmen ganz entsetzt Reißaus.
Schwirren voller Angst und Bangen
in die Maiennacht hinaus.

Einer nur lauscht voll Entzücken:
Adebar, versteckt im Rohr.
Er stolziert auf roten Stümpfen
heimlich aus dem Sumpf hervor.

Und als Fox ganz laut verkündet:
„Ich bin Sieger in dem Lauf!"
saust ein roter Schnabel nieder
schnappt das Fröschlein gierig auf.

Hört, ihr Frösche, laßt euch sagen:
„Gebt nur immer auf euch acht.
Storchenschnäbel sind gefährlich
in der warmen Frühlingsnacht!"

Spielvorschlag:
Dieses Spiellied kann sehr gut mit Fingerpuppen dargestellt werden. Auf der linken Hand sitzen mehrere Frösche (Anleitung zur Herstellung von Fingerpuppen S. 73). Auf der rechten Hand stolziert der Storch herbei.
Dieses Spiellied ist natürlich auch aus dem Kreis heraus zu spielen. Rings im Kreis sitzen die Froschfrauen und feuern die Frösche an. Der Auftakt zum Wetthüpfen wird mit der Cymbel oder dem Triangel geschlagen. Die Froschkinder (in grünen Strumpfhosen) hüpfen über „Stock und Stein", d.h. über Reifen, Decken, Kartons vorwärts. Die Hindernisstrecke führt innerhalb des Kreises herum. Plötzlich stolziert von außen der Storch Adebar (mit roten Strumpfhosen, weißem Pulli und umgebundenem Storchenschnabel) herein. Die Frösche, die er mit dem Schnabel oder dem Arm berührt, müssen aus dem Innenkreis heraushüpfen. Die anderen Frösche dürfen ihre „Hindernisstrecke" nicht verlassen, während der Storch „querbeet" stolzieren und sie abschlagen darf.
Der Frosch, der als letzter übrigbleibt, darf die neuen Spieltiere bestimmen.

Das Spiel von den Fröschen am grünen Teich

Ein Spiel für zwei oder mehrere Kinder.

Wir bemalen kleine Korkenstücke, Styroporstücke oder kleine Kieselsteine mit grüner Farbe. Das sind unsere Frösche. Auf einem großen blauen Pappkarton (unser Teich) drucken wir mit Korken viele grüne Felder. Das sind die Seerosenblätter, auf denen sich die Frösche ausruhen dürfen. Dazwischen liegen schwarze Felder, das sind die Gefahrenpunkte, bei denen der Storch oder ein anderer Feind naht.
Die Frösche hüpfen je nach Würfelglück vorwärts. Wenn sie auf einen schwarzen Gefahrenpunkt kommen, müssen sie drei Plätze zurückrücken.
Zwischen diese Felder legen wir einige schön geformte Steine. Darauf dürfen sich mehrere Frösche nebeneinander ausruhen, während auf den Seerosenblättern immer nur ein Frosch Platz hat. Wenn ein anderer Frosch schon auf einem Seerosenblatt sitzt, darf der Eindringling den dort sitzenden Frosch hinauswerfen, d.h. der Spieler muß seinen Frosch vom Start aus noch einmal beginnen lassen (kooperative Variante: der „Eindringling“ schubst den dort sitzenden Frosch nach Wahl bis zu drei Plätze weiter). Das Kind, dessen Frosch einen Stein erreicht hat, darf ein Froschkonzert anstimmen: Es kann einfach drauflos quaken, wobei alle anderen Frösche mit einfallen. Das Kind kann auch ein Froschlied anstimmen, das alle anderen mitsingen, z.B. auf die Melodie: „Alle meine Entchen ...“:

Alle unsre Frösche
hier im feuchten Moos,
springen in das Wasser,
quaken alle los.

Alle unsre Frösche
hier im Sonnenschein,
schwimmen um die Wette,
wer wird erster sein?

Alle unsre Frösche
schwimmen schnell – hurra!
Auf dem Stein sitzt meiner,
ist als erster da!

Das Kind, dessen Frosch als erster ins Ziel gehüpft ist, darf sich auf ein besonders großes „Seerosenblatt“ setzen, d.h. auf eine große grüne Decke und wird darauf auf dem Boden hin- und hergefahren oder von zwei Erwachsenen hin- und hergeschaukelt. Vielleicht darf es auch „Froschsalat“ essen (aus frischen grünen Löwenzahnblättern), eine Mücke oder Libelle vertilgen (geformt aus Honigmarzipan, das mit grüner Lebensmittelfarbe gefärbt ist) oder „Froschsaft“ trinken (blauer Holundersaft oder dunkelroter Kirschsaft). Danach dürfen aber auch alle anderen „Froschkinder“ von der „Froschmahlzeit“ etwas bekommen.

Start
Ziel

Kommt mit zum Weiher!

„Heute machen wir einen richtig schönen Ausflug“, sagt Frau Müller. „Wir wollen an den Dorfrand gehen, dort, wo der Weiher ist.“

„Oh – da fange ich ja immer Stichlinge und Kaulquappen für mein Aquarium!“ sagt Michael begeistert. „Mein Bruder ist bei der Waldjugend. Die haben im vorigen Frühjahr den Teich saubergemacht. Da war so viel Dreck und Gerümpel drin, das haben die alles rausgeholt. Ganz hohe Gummistiefel haben sie angehabt. Und die Weiden und Heckenrosen haben sie auch beschnitten. Die sind jetzt wieder ganz dicht ausgeschlagen. Und jetzt quaken die Frösche und Kröten drin!“

„So, jetzt wollen wir ganz leise sein“, sagt Frau Müller, als der blanke Wasserspiegel des Weihers auftaucht.

„Da“, flüstert Tini, „eine Libelle fliegt über dem Wasser. Wie schön blau die aussieht! Und da eine zweite, die spielen Fangen!“

Michael hat einen Wasserläufer entdeckt. „Toll“, ruft er. „Wie der übers Wasser läuft, ohne einzusinken! Das möchte ich auch können!“

Auf der einen Seite des Weihers ist ein dichter Schilfgürtel. Auf der anderen Seite wächst dichtes Gebüsch. Da gibt es eine dichte Hecke aus Heckenrosen mit hohen Brennesselbüschen, Disteln, Kerbel und Hahnenfuß. Es braust und brummt in dem dichten Grün.

Hoppla – da knackt es im Gebüsch. Zwei Hasen sausen in großen Sätzen davon. Die Kinder können nur noch die kleine weiße Blume erkennen. „Hier schmecken den Hasen die frischen Blätter noch viel besser als auf der Kleewiese. Da sind oft die Pflanzen durch Spritzmittel vergiftet“, erklärt Frau Müller.

Jetzt hat Ulrike etwas entdeckt. „Guckt mal“, ruft sie, „hier sind zwei Kröten! Die dicke trägt ihr Kind huckepack!“

Die Kinder treten vorsichtig näher. „Igitt!“ will Petra sagen, aber Dennis ruft: „Die haben ja wunderschöne goldgelbe Augen! Richtig wie der kleine Froschkönig im Märchen sehen die aus!“

Jetzt kommt auch Frau Müller näher. „Die kleine Kröte auf dem Rücken der großen Kröte ist nicht ihr Kind“, erklärt sie. „Das ist ein Männchen, das ist viel kleiner und läßt sich auf dem Rücken des Weibchens zu dem Teich tragen. Dort feiern sie Hochzeit, und das Weibchen legt hier im Weiher ihre Eier ab. Die hängen zusammen wie an einer Perlenschnur. Aus den Eiern schlüpfen die Kaulquappen!“ *

„Die kenn' ich!“ rufen einige Kinder.

„Die Kaulquappen haben zunächst eine kleine Schwanzflosse wie ein Fisch“, erzählt Frau Müller weiter. „In etwa drei Monaten haben sie kräftige Hinterbeine und kräftige Vorderbeine. Dann fällt ihnen der Schwanz ab, und die kleinen Kröten kriechen an Land und werden erwachsen. Sie hüpfen auf die Wiesen, in

* Siehe Erklärung des Laichens bei der Geschichte von Quicks, dem kleinen Frosch, S. 59.

die Wälder, und einige kommen auch in unsere Gärten. Sie fressen Schnecken und Insekten weg, es sind ganz nützliche Tiere!"
„Ja, das stimmt", ruft Jörg, „mein Opa sagt immer, er will so gern eine Kröte im Garten haben, damit die Schnecken nicht alle seine Erdbeeren wegfressen!"
Und jetzt weiß Michael noch etwas. „Frau Müller, wenn wir noch Zeit haben, können wir dann noch zum Krötenzaun gehen? Da hat mein Bruder voriges Jahr mitgeholfen."
„Das ist für heute zu spät", meint Frau Müller. „Wir wollen uns heute noch in Ruhe ein bißchen am Weiher umsehen. Wenn wir ganz ruhig sind, können wir vielleicht noch einen Storch oder einen Reiher beobachten. – Aber übermorgen gehen wir zum Krötenzaun!"

Wanderung zum Krötentunnel

„Heute gehen wir zum Krötenzaun", verkündet Michael ganz stolz. Bis zum Ende des Dorfes müssen die Kinder gehen. Da führt die Umgehungsstraße entlang. Schon von weitem hören sie das unablässige Rattern und Fahrgeräusch der vielen Autos.
Die Kinder steigen die Fußgängerbrücke hoch, die über die Autostraße führt und gucken hinunter.
„Da kommt niemals ein Tier rüber", rief Jörg. „Bei so einem Verkehr! Meinem Vater ist schon mal ein Hase direkt vors Auto gerannt, er konnte nicht mehr bremsen", ruft Tini. „Und wir haben mal einen Igel totgefahren", sagt Kai. „Warum sind die Tiere nur so dumm und laufen über eine so gefährliche Straße", meint Dennis. „Na, Kröten sind ja besonders schlecht dran, die können noch nicht einmal schnell laufen. Die müssen ja überfahren werden!"
Frau Müller erklärt: „Die Naturschützer haben herausgefunden, daß die Kröten in einer Gegend immer wieder zu ihrem heimatlichen Teich wandern, um dort ihre Eier abzulegen. Sie finden den Weg auch immer wieder dorthin, wenn sie aus ihrem Winterschlaf irgendwo im dichten Laub erwachen. Es gibt richtige ‚Krötenstraßen', doch die Kröten in dieser Gegend müssen immer wieder an einer bestimmten Stelle diese gefährliche Autostraße überqueren."
„Ja", mischt sich Michael ein, „und unser Bürgermeister hat geholfen, daß die Waldjugend mit den Arbeitern vom Bauamt an dieser Stelle einen langen Zaun bauen kann. Mein Bruder hat mir das alles erzählt. Die Kröten laufen an dem langen Zaun entlang. Da können sie nicht rüberklettern. Sie laufen bis zu einem Tunnel. Dort plumpsen sie hinein. Der Tunnel führt unter der Autostraße durch. Da können die Kröten durchhüpfen. Und auf der anderen Seite ist es nicht mehr weit bis zum Weiher."
„Hoffentlich sind die Hasen und Igel auch so schlau und laufen durch den Krötentunnel", meint Jörg. Jetzt weiß auch Tini etwas. „Als wir letzten Sonntag mit dem Fahrrad unterwegs waren,

da war am Feldweg eine Sperre und ein großes Schild. Mein Vater hat vorgelesen, was da drauf stand: Krötenwanderung, bitte Umleitung benutzen. – Das fand ich gut, ich finde es nämlich furchtbar, wenn man mit dem Fahrrad über eine so glitschige Kröte fährt."
Als die Kinder in den Kindergarten zurückgekehrt sind, spielen sie am Schluß noch das Krötenspiel.
Frau Müller hat auf der einen Seite vom Kindergartengelände ein großes blaues Tuch ausgebreitet. „Hier ist unser Teich", erklärt sie. „Und hier ist die Autostraße. Da lege ich ein braunes Tuch rüber. Dort muß jeder durchkrabbeln, wenn er zum Teich kommen will!"
„Petra, kann ich mich auf deinen Rücken setzen? Ich bin das Krötenmännchen", verkündet Michael. „Nein, nein!" protestieren da die Mädchen. „Beim Spielen krabbeln die Krötenmännchen allein durch den Tunnel! So viele faule Männchen gibt's nur ‚in echt' draußen am Teich!"

Zum Schluß singen alle das Krötenlied (auf die Melodie: Ein Vogel wollte Hochzeit machen);

Die Kröten wollen an den See,
die Räder quietschten, weh o weh!
Nehmt euch in acht, nehmt euch in acht,
Autos rasen Tag und Nacht.

Die Krötenmutter war sehr schlau,
ich seh' den Tunnel ganz genau!
Nehmt euch in acht...

Da sind sie brav hindurchmarschiert
und keinem ist etwas passiert.
Nehmt euch in acht...

Schon sind sie alle an dem Teich
und legen ab die Eier gleich.
Hier ist es gut, hier ist es gut.
Alle Kröten sind auf der Hut.

Und nächstes Jahr sind sie schon groß,
dann geht die Reis' von vorne los!
Nehmt euch in acht...

Fingerspiel von Frosch und Storch

Kommt ein Fröschlein angehüpfet.
Aus dem hohen Rohr
streckt es seine großen Augen
keck und munter vor.
Fröschlein, Fröschlein, sieh dich vor,
denn der Storch, denn der Storch
lauert dort im Moor!

Kommt der Storch heranstolziert.
Auf zwei langen Beinen
reckt er seinen langen Hals
hoch zwischen den Steinen.
Fröschlein, Fröschlein, sieh dich vor,
denn der Storch, denn der Storch
packt dich bald im Moor.

Und der Storchenschnabel klappert:
Fröschlein, wo bist du?
Schnippe – schnappe, gleich hab' ich dich,
Fröschlein – spring doch fort im Nu!

Die rechte Hand hüpft lustig vorwärts. Die Finger der linken Hand stolzieren heran. Daumen und Zeigefinger klappern hin und her, wollen zuschnappen, da verschwindet die rechte Hand hinter dem Rücken, und das Spiel beginnt von neuem.

Was für ein Tier bin ich wohl? und andere Rätsel

1–2–3–4–5–6–7–8–9–10,
so viele Tupfen könnt ihr sehn.
Und vorne kommt ein großer hin,
Augen, Mund, wie schön ich bin!
Ich krieg' noch viele, viele Beine
wie viele Härchen, dünne, kleine.
Dann hinten dran ein kleines Schwänzchen,
bald wage ich ein lust'ges Tänzchen.
Trippel hin und trippel her,
rundherum, das ist nicht schwer.
Ich schick' euch allen einen Gruß,
ich bin – der flinke …
(Tausendfuß)

*

Nenn ihn manchmal Schornsteinfeger,
Müller oder Kaiser auch.
Hart gepanzert ist sein Rücken,
und sein Kopf und auch sein Bauch.

Lange mußt du nach ihm suchen,
selten wirst du ihn erspähn,
bis er pumpt und summt und brummelt,
muß so manches Jahr vergehn.
(Maikäfer)

*

Kann weiter als die Pferde springen,
zirpt lauter als die Vögel singen,
die Fühler sind lang und auch die Beine.
Wie heißt der Geiger im Sonnenscheine?
(Grünes Heupferd)

*

Läuft ein Kribbel-Krabbel-Zwerg,
baut sich einen Riesenberg,
tausend Beinchen – große Kraft,
seht – was man gemeinsam schafft.
Rührt den Riesenberg nicht an,
weil der Zwerg sich wehren kann.
(Ameise – Ameisenhaufen)

Auf Krötenwanderung – Eine Klanggeschichte

Einige Kinder spielen pantomimisch die Bewegungen der Tiere vor.
Die anderen begleiten sie auf ihren Instrumenten.
Die Rollen werden bei der Wiederholung gewechselt.

So bewegen sich die Kinder	**Das sind die Instrumente der Kinder**
Sie hüpfen wie die Kröten.	Stielkastagnetten
Sie stolzieren wie die Störche	Holzblocktrommel
Sie lenken pantomimisch das Steuerrat der Autos und fahren brummend herum	Pauken, Schellentrommeln, Handtrommeln, großes Becken
Sie plumpsen von einem Kasten herunter.	Großes Altxylophon
Regentropfen (mit dem Finger herunterrieseln lassen)	Triangel, Fingercymbeln

Wir hören und spielen die Geschichte:

Der warme Frühlingswind wehte durch den Wald.	Kinder pusten mit vorgehaltenen Händen
Er trieb Regentropfen vor sich her.	Triangel, Fingercymbeln
Die Kröte kroch aus ihrem Blätterversteck hervor. „Schönes, warmes Regenwetter heute“, meinte sie. „Wir müssen uns auf den Weg machen!“ Sie hüpfte hin und her und weckte die anderen Kröten.	Stielkastagnetten
Nacheinander wachten alle Kröten auf. Sie reckten und streckten sich.	Die Kinder gähnen „ua“.
„Da geht's lang!“ rief die Kröte Julia. „Ich kenne genau den Weg zu unserem Teich!“ Einige Krötenfrauen hüpften schon los. „Wartet!“ riefen die Männchen, „nehmt uns auf euren Rücken!“	Stielkastagnetten
„Seid ihr denn dieses Jahr wieder so faul?“ schimpfte die Kröte Julia. Aber schon waren die Männchen aufgesprungen.	
Auf einmal hielt Julia an. „Wartet“, rief sie, „da vorn ist ja wieder so ein schreckliches Getöse! Das hab' ich schon im Traum im Winterschlaf gehört!“	Pauken, Schellentrommeln, Handtrommeln, großes Becken

Die Kröte Paula und ihre Cousine Hermine blieben zitternd vor einer hölzernen Wand sitzen. „Wir können nicht weiter“, rief sie. „Ein Riese hat eine ganz hohe Mauer aufgebaut!“ „Wir müssen nach links weiterwandern“, befahl Julia. „Irgendwann muß die Mauer ja aufhören!“ Die Kröten hüpften und hüpften.

Stielkastagnetten

Plumps! machte es auf einmal.
„Julia ist abgestürzt!“ schrien Paula und Hermine ganz entsetzt.

Großes Altxylophon, mit dem Schlegel von den hellen Tönen zu den dunklen Tönen gleiten.

„Nein, das ist nicht so schlimm!“ rief Julia von unten. „Nur so ein kleiner Plumpser! Wie von einem Stein in den See!
Hier führt ein Tunnel unter der Straße entlang. Los – folgt mir nach, das ist ganz ungefährlich! Hier kann uns kein Riese überfahren!“

Mehrere „Plumpser“ auf dem Altxylophn, dann wieder Stielkastagnetten. „Autogeräusch“ ganz leise, wie von ferne.

Als alle Kröten durch den Tunnel hindurchgekrochen waren, rochen sie schon das duftende Wasser. Platsch, platsch, ganz schnell ging es nun weiter. Julia hatte das Teichufer als erste erreicht und – platsch – war sie hineingesprungen.

Sopran-Xylophon, mit dem Schlegel von den hellen Tönen zu den dunklen Tönen gleiten.

„Toll!“ riefen alle Kröten und platschten glücklich im Wasser herum.

„Wellengeräusche“ auf dem Alt-Xylophon, Schlegel hin- und hergleiten lassen.

Und alle Kröten sangen:

Melodie: Ein Vogel wollte Hochzeit machen.

Wir Kröten sind nun endlich da,
in unserm Teich, hurra! Hurra!
Hier ist es gut! Hier ist es gut!
Alle Kröten sind auf der Hut

Und als der große Storch heranstolzierte, da paßten sie auf, daß er sie nicht erwischte.

Klanghölzer

Sie quakten ihm höhnisch hinterher:

obige Melodie

Such dir dein Futter anderswo,
wir Kröten sind sehr schlau, oho!
Hier ist es gut, hier ist es gut!
Alle Kröten sind auf der Hut!

Und so viel der Storch auch klapperte, er erwischte an diesem Tag keine einzige Kröte.

Klanghölzer

Das Lied vom Eichhörnchen Fops

Text: Barbara Cratzius
Musik: Ludger Edelkötter

Guten Morgen, kleiner Fops,
spitz dein Pinselohr!
Hörst du, wie dein Bäuchlein knurrt,
kratz die Schätze vor!

Kehrvers

Guten Morgen, kleiner Fops,
spring hinab geschwind!
Wo die Zapfen und die Nuß
wohl geblieben sind?

Kehrvers

Schreit die Krähe hoch im Baum:
„Scharr nur hin und her!
Hundert Nüsse sind versteckt,
du find'st keine mehr!"

Kehrvers

Fops, der springt ganz zornig hoch,
„Blödes Federvieh!
Hei – ich fliege heut so toll,
hoch und weit wie nie!"

Kehrvers

Seht die Zapfen dicht an dicht,
knicke – knacke – knei!
Fops, der knabbert und macht stolz
Männchen noch dabei.

Kehrvers

„Liebe Freunde!" ruft er laut,
„kommt von fern und nah!
Jagen wir den Winter fort,
Frühling ist nun da!"

Kehrvers

Spielvorschlag:
Ein Kind saust mit ausgebreiteten Armen innerhalb des Spielkreises als Wind herum. Alle Kinder pusten den Winterwind herbei.
In der Mitte des Spielkreises schläft eingerollt in einem „Nest" aus Decken oder Kartons das Eichhörnchen Fops. Es kann braune Strumpfhosen, einen braunen Pulli und einen roten buschigen Schwanz aus einem Fellrest tragen. Es spielt sehr deutlich das „Aufwachen" vor. Es reckt und streckt sich, dann saust es im Spielkreis herum und scharrt im „Schnee". Die alte Krähe (schwarz angezogen) kann in einer Ecke des Spielkreises wild mit den „Flügeln" schlagen.
Fops gibt ihr zornig einen kleinen Stupser auf den Rücken oder Schnabel. Dann saust er wieder herum, klettert pantomimisch an einem „Stamm" empor und knabbert an einem Tannenzapfen herum. Dann streicht er sein Bäuchlein und tanzt fröhlich im Kreis herum.
Nach dem ausgelassenen Tanz tippt der Fops zwei Kinder an, die erneut das Eichhörnchen und die Krähe spielen.
Wenn viele Kinder im Stuhlkreis sitzen, kann es auch mehrere Eichhörnchen und Krähen geben.

Schmetterlingsspiele

Wer kommt da in hohem Bogen
über die Wiese hergeflogen?
Dreht die Fühler der Sonne zu,
schwebt und flattert immerzu?
Hat sich hinterm Stein versteckt
und das Veilchen dort entdeckt.
Streckt die zarten Fühler aus,
fliegt ins blaue Glockenhaus,
setzt sich auf den Löwenzahn,
kriecht und krabbelt weiter dann.
Schwebt und tanzt zu dir geschwind,
sagt: Ich bleib' bei dir, mein Kind.
Ruh' mich dort ein bißchen aus,
im warmen schönen Sommerhaus.
Das liebe, kleine gelbe Ding.
Ja, das – ist der ...
(Schmetterling)

Die Zeigefinger und Mittelfinger der rechten Hand sind als Fühler hochgestreckt, flattern um die „Sonne" (= die hochgehaltene linke Hand) herum. Linke Hand formt sich zum Stein und zur Glockenblume. Auf dem Handrücken der linken Hand, dem Löwenzahn, krabbelt der Schmetterling weiter.
Am Schluß krabbelt er in die Höhlung der linken Hand hinein.
Dieses Spiel kann auch mit einem kleinen Schmetterling aus Karton gespielt werden, der über die rechte Hand gestreift wird. Die Fühler gucken heraus.

Fünf kleine Schmetterlinge, gelbe, weiße, braune
tanzen übers Blumenbeet – komm mal her und staune!
Der erste trinkt sich an der Tulpe satt,
der zweite sitzt auf dem Rosenblatt,
der dritte kriecht in die Osterglocke rein,
der vierte nascht von der Narzisse fein.
Und der fünfte, der ist noch ganz klein,
der mag nur schweben und tanzen und sich freun
im warmen Frühlingssonnenschein.

Linke Hand zur Tulpe formen, Daumen der rechten Hand kriecht hinein. Linke Hand zum Blatt ausbreiten, Zeigefinger setzt sich auf den Handrücken. Linke Hand zur Osterglocke formen, Mittelfinger kriecht hinein. Linke Hand zur Narzisse spreizen, Ringfinger berührt die Handgrübchen. Am Schluß tanzt der kleine Finger fröhlich über das Blumenbeet.

Fingerpuppen selbst gemacht

Die abgebildeten Figuren sind in Originalgröße gezeichnet. Schnitt auf dünnen Karton aufzeichnen, ausschneiden, auf farbigen Filz aufstecken, ohne Nahtzugabe zweimal zuschneiden. Bei seitlich gesehenen Tieren empfiehlt es sich, im Rücken mit Stoffbruch zuzuschneiden wegen des Führungseinschnittes. Flügel, Ohren, Hahnenkamm, Froschmaul, Schnäbel, Gesichtsmasken, Haare usw. verschiedenfarbig zuschneiden, aufnähen oder aufkleben. Gesichter, Igelstacheln, Barthaare (Katze, Hase) können aufgestickt werden. Die Teile werden mit kleinen übergreifenden Stichen zusammengenäht. Nasen, Schnäbel, Froschmaul mit etwas Watte ausstopfen.

Im Rückenteil in knapp 2 cm Höhe einen Einschnitt für den Zeigefinger anbringen. Finger von oben hineinstecken und die Figur auf dem Tisch laufen und hüpfen lassen.

A. Schmidt

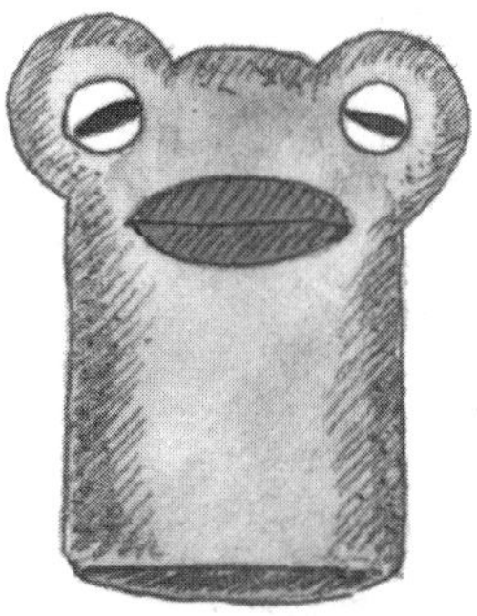

Einschnitt für Zeigefinger, um die Puppe von oben führen zu können.

Kapitel 5: Ach, du schönes Hasenfell!

Vorbemerkung: In diesem Kapitel biete ich vielfältige Gestaltungsvorschläge für die geliebten „Frühlingstiere" der Kinder, die Hasen und Kaninchen, an. Zunächst möchte ich dazu einige wichtige Hintergrundinformationen geben.
Wie begeistert sind die Kinder, wenn sie in den Parks oder sogar nahe an den Hausgärten im Gemüse- oder Blumenbeet die hoppelnden graubraunen lustigen Bartputzer erspähen: „Schaut mal – ein Hase – ein Osterhase!" So hören wir sie jubelnd rufen.
Aber was sich da – oft gar nicht scheu – so nahe an unsern Häusern unter Büschen und Hecken tummelt, sind meistens nicht Hasen, sondern ihre kleineren Verwandten, die Kaninchen.
Sie haben kleinere Ohren und kürzere Beine und sind im ganzen zierlicher und leichter. Ihre Jungen sind Nesthocker; sie werden blind und nackt geboren. Das Weibchen wirft im Jahr 5 bis 6mal je 5 bis 12 Junge. Sie setzt sie in unterirdische Neströhren, die gut ausgepolstert sind und mehrere Ausgänge haben. Die Jungen können nach zehn Tagen sehen und dann auch schon das Nest verlassen.
Wie die Hasen können die Kaninchen auch im ersten Jahr schon wieder Junge haben.
Die Kaninchen sind keine Einzelgänger wie die Hasen. Sie leben in großen Familien zusammen. Bei Gefahr klopfen sie mit den Hinterläufen auf den Erdboden und warnen sich gegenseitig. Durch ihre zahlreiche Nachkommenschaft richten sie in starkem Maße Flurschäden an: Sie wühlen unter Wegen und Dämmen, zerstören oft junge Kulturen und benagen Bäume. In Australien sind sie trotz moderner Bekämpfungsmittel zu einer verheerenden Plage geworden.

Die Hasen wagen sich nicht so nah an die Häuser der Menschen. Sie können nicht besonders gut sehen, aber ausgezeichnet hören. Wenn sie äsen, erheben sie sich immer wieder auf die Hinterbeine, stellen ihre Ohren hoch und wittern. Ihre Beine sind verschieden lang. Die Vorderbeine sind dünn und kurz, die Hinterbeine sind sehr lang und kräftig. Sie können sehr schnell laufen, oft bis zu 80 km in der Stunde.
Durch ihr schnelles Hakenschlagen, d.h. ihr plötzliches Abbiegen von ihrer Laufrichtung, entkommen sie ihren vielen Feinden.
Die Jungen werden in eine „Sasse", eine oberirdische Grasmulde, gesetzt. Die kleinen Häschen können sehen und sofort laufen, sie haben schon ein hübsches dichtes Fell.
Wer Hasen beobachten will, muß sehr vorsichtig sein und früh aufstehen. Ich selbst habe bei unserem Sommerurlaub in Niederbayern unvergeßliche Hasenbeobachtungen machen können, die in verschiedene Lieder und Geschichten und Fingerspiele eingeflossen sind.
Noch vor Sonnenaufgang habe ich mir einen Sitzplatz am Rand eines großen Kornfeldes gesucht, vor dem sich die leicht wellligen Wiesen bis zum Flüßchen Rott hinstreckten. Wenn ich eine Weile ganz unbeweglich dagesessen hatte, konnte ich die ersten Hasenohren mit dem Fernglas ausmachen.
Dann sah ich auch schon bald mit bloßem Auge die lustigen Hoppelsprünge der Hasen, die sich aus dem Schutz des Kornfeldes auf die Kleewiesen hinauswagten. Wenn der Wind günstig stand, hoppelten sie manchmal so nah an mir vorbei, daß ich ihre schönen großen glänzenden Augen und die wunderbaren langen Ohren deutlich erkennen konnte. Sie grasten und hoppelten meist allein, während die kleinen graubraunen Kaninchen nahe an unserm Försterhaus in dichten Rudeln grasten.
Zweimal habe ich dann ein richtiges „Hasenwunder" erlebt, eine „Hasenbrautschau", bei der ich die scheuen Tiere ganz nahe in so zauberhafter, spielerischer Freude hoppeln und tanzen sah, daß ich vor Entzücken kaum zu atmen wagte. Wenige Meter von meinem Sitzplatz entfernt sauste plötzlich eine Hasenfrau aus dem Kornfeld hinaus, gefolgt von einem Hasenmann. Sie spielten Verstecken, Greifen, Haschen und Fangen. Der Hasenmann setzte sich auf die Hinterpfoten, tanzte übermütig vor dem Weibchen einen „Hasentanz" vor, wobei sich das Weibchen in dem dichten Klee hin- und herrollte.
Ich konnte sogar die hellen Haare auf dem Bauchpelz erkennen.
Dann streichelte das Männchen zärtlich die Barthaare und die Ohren des Weibchens. Beide sprangen umeinander herum, setzten in hohem Sprung übereinander weg, sausten, hoppelten, rannten durch den Klee in einem wahren Taumel der Freude.

Da näherte sich ein etwas kleinerer dritter Hase, zunächst vorsichtig, dann schob er sich immer näher an das spielende „Brautpaar" heran. Schon hatte der Hasenmann den Nebenbuhler erspäht. Mit mächtigen Sätzen hoppelte er ihm entgegen, richtete sich auf und hieb ihm rechts und links mit den Vorderpfoten um die Ohren. Der Rivale wehrte sich so gut er konnte, aber so schnell aufgeben wollte er nicht.
Die Hasenfrau schaute eine Weile zu, dann putzte sie sich mit den Vorderpfoten die Ohren, als ob sie der erbitterte Kampf gar nichts anginge.
Nun hatte der kleine Rivale aber das „Schnäuzchen voll". Wie gehetzt floh er dicht an mir vorbei, sprang über den gekiesten Fußweg hinweg, und schon war er in den Brachwiesen verschwunden.
Ganz stolz drehte sich der Sieger um und setzte sich wieder würdevoll in Positur vor seine Hasenfrau. Dann ging's in schnellem Lauf einträchtig nebeneinanderher fort über die Wiesen, bis die beiden meinen Augen entschwanden.
Als ich unserm Försterwirt von meinem Hasenerlebnis erzählte, meinte er, eine solche Beobachtung sei äußerst selten bei den sehr scheuen Tieren. Aber die Folgen eines erbitterten Rivalenkampfes hatte er schon oft mit eigenen Augen erlebt. Bei den herbstlichen Jagden habe er oft Hasen mit schweren Verletzungen am Kopf gesehen, die eindeutig von den harten Pfotenhieben bei den Hasenkämpfen herrührten.
Vielleicht können diese Informationen hilfreich sein, wenn wir mit den Kindern bei Wanderungen in nahegelegenen Parks und Wiesen Kaninchen oder Hasen entdecken.

Wir sind doch gute Freunde!

Gerade geht die Sonne über dem Waldrand auf. In der Kaninchenhöhle wird es lebendig. Poldi stößt Tilli in die Seite. „Los, aufwachen! Ich hab' heute so richtig Bock auf drei Maulvoll saftige Kleeblätter."
„Mußt du mich immer so hart in die Seite boxen", brummt Tilli. „Mami ist viel sanfter, wenn sie mich weckt!" „Mamababy!" lacht Poldi den Bruder aus.
Da wird auch die Kaninchenschwester Tini wach. „Mami, Milch!" bettelt sie. „Oh – diese Babys", stöhnt Poldi und wirft ihnen mit den Hinterpfoten eine Ladung Sand vor die Schnäuzchen. „Ihr blöden Langschläfer! Ich saus' raus aus der engen Höhle. Mami und Vati sind auch längst auf dem Kleefeld!"
„Fangt bloß nicht schon frühmorgens in der Höhle mit Streiten an", schimpft die alte Tante Ida. „Raus mit euch!"
Da hoppeln die drei Kaninchenkinder ganz schnell die dunklen Gänge entlang. Sie schnuppern in die Frühlingsluft. Sie stellen die Ohren hoch. Sie lauschen. Dann hoppeln sie weiter – Hinterbeine hoch – auf den Vorderbeinen landen. Poldi ist der schnellste. „Immer mußt du uns weglaufen", ruft Tini. „Wart auf uns!" – „Beeilt euch ein bißchen, ihr Trödelpeter!" schreit Poldi. „Sonst freß ich euch die saftigsten Kleeblätter vor der Nase weg!"
Aber das Kornfeld ist groß genug. Die drei fressen und fressen und mümmeln

und mümmeln. Dazwischen richten sie sich immer wieder auf und lauschen. Allmählich werden sie satt. „Mein Bauch ist richtig rund und dick", ruft Tilli. „Seid nicht so verfressen, wir wollen doch Anschleichen und Haschen und Verstecken spielen", ruft Poldi. In großen Sätzen jagt er auf den Trommelstein unter dem Weidenbusch los. Er macht Männchen. „Hei – ich bin der Größte! Ich kann ganz weit gucken! Sogar die schnellsten Flitzer, die Menschenautos da hinten auf der Straße kann ich erkennen!" – „Laß mich auch mal sehen!" schreit Poldi. „Ich will auch auf den Stein!" bettelt Tini. Aber Poldi haut ihnen mit der Pfote rechts und links um die Ohren.
„Ihr Streithammel", ruft die Mutter. „Könnt ihr euch nicht vertragen! Man hört euch ja bis drüben auf die Kleewiese! Seht euch bloß vor, der Fuchs hat feine Ohren, und der Habicht hat scharfe Augen!"
Aber Poldi hört gar nicht hin. Er knurrt böse und schlägt mit den Pfoten um sich.
„Trimmel, trommel, trammel – Gefahr – Gefahr!" tönt es plötzlich von der Kleewiese herüber. Gerade noch rechtzeitig haben die Kaninchenkinder Vaters Trommelruf gehört. Hui – wie der Wind sausen die drei in die Höhlengänge zurück. Fast hätte der große Habicht noch Tinis kleinen Stummelschwanz erwischt.

Zitternd hocken sie ganz dicht nebeneinander. Draußen hören sie noch den zornigen Flügelschlag des großen alten Habichts.
„Grad noch gut gegangen!" flüstert Poldi und streichelt dem Bruder und der Schwester zärtlich die Schnauze und die Ohren. „Gut, daß wir drei zusammen sind! Wir sind doch die besten Freunde!"

Diese lustige Kaninchengeschichte könnt ihr gut nachspielen. Zu Anfang schlafen die drei Kaninchenkinder unter einem Tisch oder unter einer Decke. Dann hoppeln sie hervor, machen Männchen, schnuppern in die Luft und springen zum Kleefeld hinüber. Für das Kleefeld könnt ihr eine große grüne Decke ausbreiten. Der Trommelstein kann eine Holzkiste sein. Am Schluß streicheln sich die Kaninchenkinder zärtlich gegenseitig.
Diese Geschichte ist gut einsetzbar, wenn in der Kindergruppe Streit ausgebrochen ist.

Im Gras sitzt ein Has

Im Gras sitzt ein Has
stieß ein Bein
am… (Stein)
Nun weint er sich
die Augen naß
im grünen… (Gras)
Häschen, ich will pusten,
dann mußt du mal…
(husten)
dann schlägst du
einen Purzelbaum
im Klee,
und nichts tut mehr…
(weh)

Ausreißer Hopsi

Auf die Melodie:
Horch, was kommt von draußen rein

Seht – wer hoppelt so geschwind, hollahi …
Hopsi – unser Hasenkind, hollahi …
Hopsi ruft: „Ich bin schon groß, hollahi …
und ich saus' ganz einfach los, hollahi …

Mutter Hase ist gemein,
läßt uns jetzt so oft allein!"
Schwester Billi ruft: „Bleib stehn,
oh – was wird dir noch geschehn!

Mutter, die wird traurig sein,
leckt uns abends lieb und fein."
Doch der Hopsi, frech und schlau,
rennt schnell zum Kaninchenbau.

Soviel Vettern, grau und braun,
gibt's am Abhang anzuschaun.
Und sie hoppeln hin und her,
zehn und zwanzig, immer mehr!

Hopsi tobt gleich mit im Gras,
oh – bei euch, da macht es Spaß!
Er stürmt mit den andern vor,
Schuß – das war Elfmetertor!

Oh – wer kommt da angewetzt!
Kaninchenmutter ist entsetzt!
„Schluß jetzt mit dem Fußballtor,
wascht euch Pfoten und das Ohr!

Stellt euch in der Reihe an,
schneller, wenn ich bitten kann!
Und wer trödelt – kriegt – oho
unsanft was auf seinen Po!

Na, wie sieht der letzte aus?
Hase Hopsi – marsch nach Haus!
Noch ein Freßsack ist zu viel,
das ist Ernst und nicht ein Spiel!"

Da saust Hopsi durch das Gras,
macht sich Schwanz und Pfoten naß.
Wupp – ein Satz noch übern Stein,
in die Kuhle schnell hinein!

Schwester Billi ruft: „Hurra!
Hopsi ist nun wieder da!"
Und die Mutter leckt und leckt,
Mm – die süße Milch, die schmeckt!

Und der gute alte Mond
denkt: „Das ist ganz ungewohnt!
Hopsi sieht zufrieden aus,
ja, am schönsten ist's zu Haus!"

Doch der Hopsi wird bald groß,
dann saust er von neuem los.
Will die weite Welt besehn,
hoppla, hopp, auf Wiedersehn!

Dieses Spiellied vom Ausreißer Hopsi könnt ihr gut nachspielen. Zu Anfang ducken sich Hopsi und die Schwester dicht nebeneinander „ins Gras". Dann hoppelt Hopsi los. Billi winkt ihm traurig nach.
Auf der anderen Seite der Spielfläche toben die Kaninchen herum. Sie jagen sich, verstecken sich, spielen Fußball.
Dann müssen sich alle der Reihe nach aufstellen, und die Kaninchenmutter hält mit drohend erhobenem Zeigefinger ihre „Kaninchenansprache".
Danach saust Hopsi in seine „Graskuhle" zurück und wird von Mutter und Schwester freudig empfangen. Die Mutter streichelt die Hasenkinder zärtlich, bis alle drei einschlafen. Ein Kind trägt eine Stange als Mond herbei, oder alle Kinder beschreiben mit den Armen einen großen"Mondkreis".
Zum Schluß läuft Hopsi mehrmals innerhalb und außerhalb des Kreises herum, um sich die „weite Welt" anzuschauen. Dann tippt er mehrere Kinder an, die das Spiellied noch einmal darstellen dürfen.

Ach, du schönes Hasenfell!

Der Hasenjunge Fops hoppelte mit seiner Schwester Fips im Klee herum. „Hörst du", sagte er, „unten im Dorf feiern die Menschen Karneval. Die Musik klingt bis hierher. Und alle verkleiden sich. Ganz lustig sieht das aus. Sie haben bunte Hüte auf und lustige gestreifte Hosen an. Weißt du was, wir können doch hier im Kleefeld auch mal Karneval feiern!"

„O ja!" rief die Schwester Fips ganz vergnügt, „und viele Tiere laden wir ein! Die Mäuse, die kleinen Kaninchen, die Hamster und die Grillen. Die Grillen und Heuhüpfer können uns lustige Lieder vorspielen!"

„Und dann verkleiden wir uns!" rief Fops. „Ich finde mein graues Hasenfell gar nicht mehr schön. Und so langweilige graue Ohren habe ich." „Ich weiß was", rief Fips, „ich pflücke dir viele grüne Kleeblätter und hänge sie dir über die Ohren. Und aus den gelben Butterblumen machen wir uns hübsche gelbe Schleifen. Und einen blauen Veilchenkranz kriegst du um den Hals gebunden!" „Und ich binde dir eine Schleife aus roten Mohnblumen um den Bauch!" lachte Fops.

Und dann sangen beide aus vollem Hals:

Melodie: Ein Vogel wollte Hochzeit machen ...

Zum Wiesenfest kommt alle her,
die Mäuse, Grillen und noch mehr!
Fiderallala …

Ein jeder schmückt sich ganz bunt aus,
kommt alle aus den Löchern raus!
Fiderallala …

In Rot und Gelb und Blau und Grün
wolln wir euch lustig tanzen sehn!
Fiderallala …

Aber die alte Hasengroßmutter setzte eine bedenkliche Miene auf. „Wenn das nur gut geht!" warnte sie. „Seid froh, daß ihr ein unscheinbares Fell habt! Die bösen Krähen und Füchse und Hunde können euch nicht so schnell entdecken!"

Ach Großmama, so sei doch still,
weil heute jeder tanzen will!
Fiderallala …

sangen die Hasen und alle Gäste ganz übermütig.
Dann schmückten die Tiere sich lustig aus. Die Mäuse banden sich rote Schleifen an den Schwanz. Die Hasen hängten sich bunte Tücher über die Ohren. Die kleinen Kaninchen kamen mit bunten Schals angehoppelt, sogar die dunkle Grille hatte sich einen bunten Stofflappen umgelegt.
Der Maulwurf mit seinem schwarzen Samtfell hatte sich aus rotem Samt ein leuchtendes Herz ausgeschnitten. Er blinzelte mit seinen kleinen Augen in die Sonne, daß die anderen Tiere laut loslachen mußten.
Die Grille und die Heuhüpfer spielten zum Tanz auf, und der Specht trommelte den Takt dazu. Er sah ganz lustig aus mit seiner roten Feder auf dem Rücken und auf dem Bauch.
Die Tiere gaben sich die Hand und zogen singend durch das Kleefeld. Dazu sangen sie:

Im Klee wird heut Musik gemacht,
es wird getobt und wird gelacht.
Fiderallala …

Melodie: Ein Vogel wollte Hochzeit machen …

Der Mistkäfer, der schwenkt das Bein,
der Maikäfer kann's auch so fein.

So seht ihn an, er flattert flink,
der schöne bunte Schmetterling.

Es tritt beim frohen Ringeltanz
der Has' der Maus auf ihren Schwanz.

Du lieber Tausendfüßler du,
verlier beim Tanzen nicht die Schuh'.

Der Hamsterjunge Backenvoll,
der treibt es wieder gar zu toll!

Nun kommt das Wildschwein auch noch an,
wie es die Füße heben kann!

Auch die Kaninchen tanzen mit,
sie drehn sich froh im Walzerschritt.

Sogar das kleine scheue Reh,
das traut sich heut in unsre Näh'.

Wir tanzen bis zur Mitternacht,
dann wird ganz laut Klamauk gemacht!

Auf einmal schnarrte der Eichelhäher auf der höchsten Spitze der alten Eiche: „Gefahr! Gefahr! Der Habicht kommt! Und hinter der Hecke lauert der Fuchs – schon eine ganze Weile! Schnarr! Schnarr! Schnarr! Gefahr! Gefahr!"
Wie der Wind stoben die Tiere auseinander. „Duck dich!" rief Fops. „Fips, ich kann noch deine roten Schleifen sehen!" „Und ich seh' noch deine grünen Ohren, reiß die grünen Fetzen ab!"
„Dieses Mal entwischen mir die Mäuse und die kleinen Hasen nicht", dachte der Habicht. Überall leuchtete und blitzte es aus dem Kleefeld hervor.
„Dieses Mal entwischt mir die Beute nicht", dachte der Fuchs. „Die grauen Hasenkinder sind so dumm! Schon von weitem kann ich sie an ihren bunten Schleifen erkennen!"
Der Habicht schoß herunter. Aber er hielt nur einen roten Fetzen im Schnabel. „Zu dumm, ist die fette Maus mir doch wieder entwischt", schimpfte er.
Der Fuchs jagte durch das hohe Gras. Blitzschnell sprang er zu und hielt einen grünen Stoffetzen zwischen den Pfoten.
Tief ins Gras geduckt horchten Fips und Fops zitternd unter der Dornenhecke. „Wie gut, daß wir die unscheinbare graue Farbe haben", flüsterten sie.
„Die Menschen können sich verkleiden, soviel sie wollen! Wir bleiben bei unserem schönen graubraunen Fell!"
„Aber Spaß hat's doch gemacht!" flüsterte der Maulwurf tief unter der Erde und warf noch einmal übermütig drei große Schaufeln Erde in die Luft.

Spielvorschlag:
In der Mitte des Spielkreises liegen verschiedene Utensilien aus der Kostümkiste: Schleifen, Stoffreste, Ketten usw.
Die Kinder kommen aus dem Spielkreis in die Mitte und verkleiden sich rollengemäß. Der Karnevalstanz kann lustig ausgespielt werden. Ein Kind im Spielkreis ist der warnende Eichelhäher.
Die Tiere laufen auseinander, reißen ihre Verkleidungen ab und schlüpfen unter die bereitgelegten Decken.
Wenn sie nicht mehr zu sehen sind, sind sie gerettet, und Habicht und Fuchs dürfen sie nicht mehr fangen.
Wenn sie nicht rechtzeitig ihre Verkleidung abgestreift haben, können die Raubtiere sie abschlagen.

Fingerspiel

Mümmelmann und Mümmelfrau
hüpfen übern Rasen – schau!
Doch der Regen – tropf – tropf – tropf
tröpfelt ihnen auf den Kopf.
„Komm!“ sagt Mümmelfrau,
„siehst du dort die Buchen?
Da wolln wir uns ein Blätterdach suchen!
Das Dach ist wie ein grünes Zelt,
das macht nichts, wenn der Regen fällt.
Wir hüpfen hinein und kuscheln uns dicht,
da spüren wir den Regen nicht.
Wir gucken aus unserm Blätterhaus
in den warmen Frühlingsregen hinaus.“
Mümmelmann sagt: „Ich stell' hoch das Ohr
und streck' das Stummelschwänzchen vor.“

Linke Hand wölbt sich zum „Blätterdach“. Zeigefinger und Mittelfinger der rechten Hand hüpfen hinein.

Kleinen Finger seitlich herausstrecken.

„O horch – der Zweig, der raschelt und knackt,
sei still, daß der schlaue Fuchs uns nicht packt.
Der schleicht da drüben am Bach entlang!“
„O Mümmelmann, mir ist so bang!
Komm – springen wir los mit einem Satz!“
Über Äcker und Steine geht die Hatz,
Haken geschlagen, auf und nieder,
das Feld hinunter, wieder und wieder.
Doch am Schluß, da kehren sie – o Glück –
wieder unters Blätterdach zurück.
Kuscheln sich tief ins Moos hinein
und – schlafen ein.
Träumen unterm Buchenbaum
ihren schönsten Hasentraum
von einem großen Sack voll Klee –
ganz in der Näh'
grad vor ihrer Nase –
für Mutter Has und Vater Hase.

Zeigefinger und Mittelfinger springen hoch, schlagen Haken auf dem Tisch und in der Luft, verstecken sich hinter dem Rücken und hoppeln am Schluß wieder unters Blätterdach.

Dort schlafen sie ein.

Wie der Hase einen Spalt in der Lippe bekommen hat

Frei erzählt
nach einem finnischen
Märchen

Diese Spielgeschichte läßt sich schön als Bewegungsspiel nachgestalten. Hase (mit Stummelschwanz) und Fuchs (mit langem roten Schweif) begegnen sich. Der Hase grüßt den Fuchs ganz freundlich, der Fuchs lacht ihn aus und brüstet sich seiner Stärke wegen.
In einer Ecke des Spielkreises grasen einige Schafe. Sie können Felle tragen. Wenn der Hase dazwischenfährt, laufen sie blökend auseinander. Der Hase spielt das Lachen lange aus.
Die gespaltene Lippe kann so dargestellt werden:
Der Hase hat einen Stofflappen mit Barthaaren umgebunden. Er löst unbemerkt vorn den Druckknopf, so daß am Ende des Spiels die Lippenspalte sichtbar wird.
Die Erzieherin kann zu einer kleinen Aufführung die Geschichte auch in Versform vorlesen.

Es ist schon sehr lange her. Da begrüßten sich die Tiere noch gegenseitig. „Ich wünsche dir einen schönen guten Morgen!“ sagte der Hase zum Fuchs und hob die Vorderpfoten.
„Was soll das?“ sagte der Fuchs verächtlich. „So ein dummer Hasenschwanz wie du, vor dem keiner Angst hat, braucht mich stolzen mutigen Fuchs nicht zu grüßen!“
„Welches Tier hat denn Angst vor dir?“ fragte der Hase. „Alle“, erwiderte der Fuchs spöttisch. „Ich habe scharfe Zähne und einen herrlich buschigen langen Schwanz. Aber du mit deinem Stummelschwanz, dich lachen doch alle Tiere aus!“
„Wart's nur ab!“ grinste der Hase.
Auf der Wiese weidete friedlich eine Horde Schafe. Wie der Blitz fuhr der Hase dazwischen, daß die Schafe entsetzt auseinanderstoben. Sie blökten laut vor Angst. „Sie schreien um Hilfe“, sagte der Hase spöttisch.
Der Fuchs schaute so dumm drein, daß der Hase lachen mußte. Er lachte und lachte, bis ihm die Lippe platzte.
Seitdem haben die Hasen einen Spalt in der Lippe.

Es ist schon sehr, sehr lange her,
da trafen sich Fuchs und Hase
am Morgen draußen im grünen Klee,
am Waldrand im feuchten Grase.

„Ich wünsche Guten Morgen dir!“
sprach der Hase und hob die Pfoten.
„Ich mag es nicht, wenn du mich grüßt“,
sprach der Fuchs, „das sei dir verboten!

Ich bin ein stolzes, edles Tier,
vor mir ist jeder bange.
Ich bin so stolz, ist buschig mein Schwanz,
der feuerrote, der lange.

Ich bin der Größte, jedermann
flieht vor mir mit Weh und Klagen.
Doch du mit deinem Stummelschwanz
kannst keinem Angst einjagen."

„Na warte", sprach der Hase da,
und schon sah man ihn sausen.
„Weg da, ihr Schafe, macht mir Platz!"
Die Schafe flohn mit Grausen.

Sie blökten, rannten voller Angst
und flohen voll Entsetzen.
„Hörst du, wie sie um Hilfe schrein?
Siehst du, wie schnell sie wetzen?"

Der Fuchs stand da und guckte dumm.
Der Hase mußte lachen.
Er lachte und lachte den ganzen Tag.
„Ja, Fuchs, das sind so Sachen!"

Er lachte, da ist ihm die Lippe geplatzt.
Ihr könnt es heut noch sehen!
Den Spalt in der Lippe nach Hasenart,
so ist es dem Hasen geschehen!

Kleines Osterhasenspiel

Da läuft ein kleiner Hase,
der wackelt mit der Nase.
Kleiner Hase, hupf, kleiner Hase, hupf,
kleiner Has' hupf rundherum!

Ach, Osterhase, bring ein Ei,
ein buntes, großes oder zwei!
Kleiner Hase, hupf, kleiner Hase, hupf,
kleiner Has' hupf rundherum!

Versteck es bitte hier im Gras,
doch wart, ich fang' dich, brauner Has!
Kleiner Hase, hupf, kleiner Hase, hupf,
kleiner Has' hupf rundherum!

Auf die Melodie: Ein Vogel wollte Hochzeit machen.

Die Kinder sitzen im Stuhlkreis. Sie dürfen sich nicht umgucken.
Ein Kind hüpft oder läuft als Osterhase außerhalb des Kreises herum. Möglichst unbemerkt versteckt es ein Pappei unter dem Stuhl eines Kindes. Das Kind, unter dessen Stuhl das Ei liegt, muß versuchen, den Hasen zu fangen.
Vorher wird festgelegt, ob die Kinder springen, laufen oder hüpfen dürfen. Wenn ein Kind den Osterhasen gefangen hat, darf es selbst den neuen Osterhasen bestimmen. Wenn der Osterhase dreimal herumgelaufen ist, ohne gefangen zu sein, darf er sich in die Mitte setzen und bekommt ein süßes „Möhrchen" (Osterei). Er wird fröhlich herumgeschaukelt und darf einen neuen Osterhasen bestimmen.

Das lustige Ostereiermalspiel

Text: Barbara Cratzius
Musik: Ludger Edelkötter

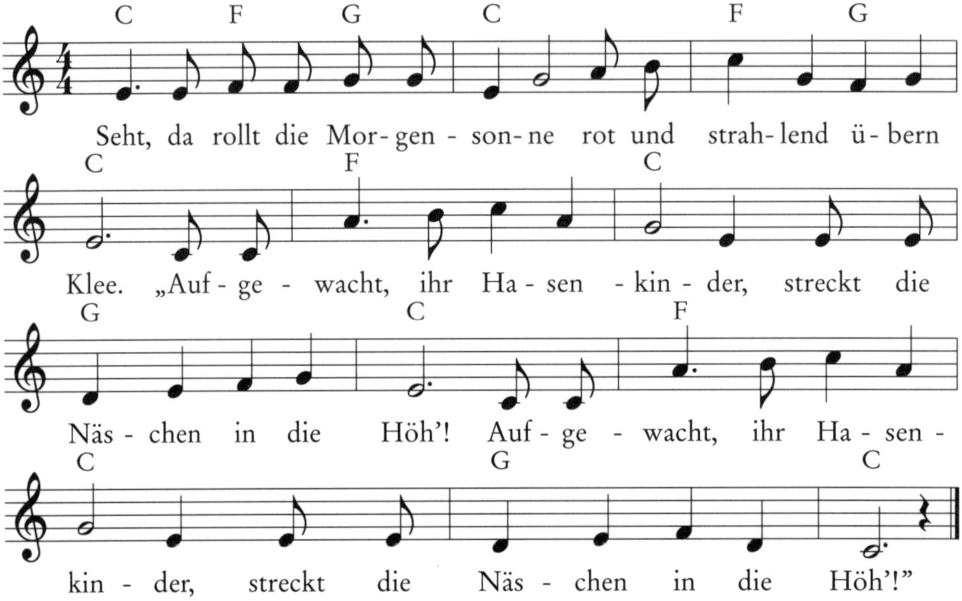

Fips und Fops, ihr Hasenbuben,
hochgesprungen und gereckt!
Wo denn bloß der faule Hopsi
heute morgen wieder steckt?

Ach, da kommt er angesprungen!"
„Mami, dreimal bis zum Stein,
bis zum Bach muß ich noch wetzen,
und dann schau' ich wieder rein!"

„Hiergeblieben, kleiner Hopsi!"
schreit ihm Vater Hase zu.
„Wasch die Pinsel aus am Bache,
hoppla, faules Bürschchen du!

Schaut die vollen Eierkörbe
und die Farbentöpfe hier.
Los – nun malt die schönsten Muster!
Hopsi auch – das rat' ich dir."

Fips, der spitzt die langen Ohren:
„Ich mal' gelben Löwenzahn,
Gänseblümchen, lila Veilchen,
zwanzig Eier tusch' ich an!"

Fops holt sich den Topf, den roten:
Ich mal' Tulpen rings im Kreis,
dazu viele grüne Blätter,
Weidenkätzchen mal' ich weiß."

Hopsi kratzt sich mit dem Pinsel
Barthaare und braunes Ohr,
hebt die schönen weißen Eier
mit der Pfote hoch empor.

„Vorsichtig! Laß sie nicht fallen!"
ruft die Mutter, „gib nur acht!"
Da hat Hopsi mit der Pfote
einen runden Klecks gemacht.

„Hei – ich hab's!" ruft er, „ich kann es!
Pfotenpinsel, die sind toll!
Noch ein Tupfer, oben, unten,
und schon ist ein Ei ganz voll!"

Rote Tupfer, gelbe, blaue,
mit der Pfote ganz geschickt!
Hopsi malt jetzt ohne Pause,
hat nicht einmal aufgeblickt!

Nun entdeckt er auch die Ohren,
Bartspitzen mit steifem Haar.
Hei – das sind die schönsten Pinsel,
das geht wirklich wunderbar!

Dann nimmt er auch noch sein Schwänzchen,
tunkt es in den Farbtopf rein.
„Hei, ich werd' mit solchen Künsten
Weltmeister im Malen sein!"

Und die Kinder dann zu Ostern
rufen alle: „Wunderbar!
Solche schönen Ostereier
wünschen wir uns jedes Jahr!"

Dieses kleine Osterhasenlied ist inzwischen bei vielen Kindergruppen zum „Lieblingsosterhasenspiel" geworden. Wir können daraus viele kleine Spielszenen entwickeln.
Zu Anfang breitet ein Kind langsam die Arme als Morgensonne aus. Es können auch alle Kinder im Spielkreis den Sonnenkreis beschreiben. Dann hoppelt die Hasenmutter in den Kreis hinein. Sie weckt die Hasenkinder, die zusammengekuschelt in der Mitte des Spielkreises schlafen. Sie springen hoch, recken und strecken sich.
Der lustige Hopsi tobt inzwischen über Stock und Stein, springt bis zum „Bach" und wieder zurück.
Der Hasenvater drückt ihm viele Pinsel (selbstgebastelt aus Holzstücken und alten Besenstielen) in die Hand, die er am „Bach" auswaschen muß. Der „Bach" kann eine ausgebreitete große blaue Decke sein.
Dann holt der Vater die Eierkörbe (mit Styroporeiern) herbei und schleppt die Farbtöpfe (kleine Eimer oder Dosen) heran. Nun wird fleißig pantomimisch oder wirklich gemalt. Wenn wir mit richtigen Farben malen, müssen wir dafür sorgen, daß der Boden gut abgedeckt wird.
Dann entdeckt Hopsi seine Pfotenpinsel, Ohrenpinsel und Schwanzpinsel. Als „Malkünstler" muß er sich mit seinen „Körperpinseln" sehr geschickt bewegen.
Die Hasenfamilie trägt braune Strumpfhosen und braune Pullover. Sie haben braune lange Pappohren und ein kleines Schwänzchen. Die Barthaare können aufgemalt werden.
Am Schluß verstecken sich alle Hasen und schauen aus sicherer Entfernung zu, wie die Kinder auf Ostereiersuche gehen.

Durch Wiesen und Felder

Ihr braucht für das Spiel eine rechteckige Pappe, Spielfiguren je nach Anzahl der Spieler (z.B. Halmasteine oder Dominosteine). Ihr könnt das Spielfeld im Buch mit einem Kopiergerät auf DIN A 3 vergrößern. Dann klebt ihr es auf die Pappe und malt es bunt an. Die Glückspunkte könnt ihr blau ausmalen, die Gefahrenpunkte rot. Gewürfelt wird einmal reihum. Die gewürfelte Zahl muß genau ins Ziel führen. Ihr trefft auf eurem Weg durch Feld und Wiesen auf bestimmte Stationen, bei denen ihr aufgehalten werdet oder schneller weiterziehen dürft.

Auf einem Feld dürfen mehrere Spieler gleichzeitig stehen.

Für das Spiel steht ein Körbchen mit Eiern oder selbstgebackenen Osterkeksen bereit; am Schluß wird der übriggebliebene Inhalt an alle Spieler verteilt.

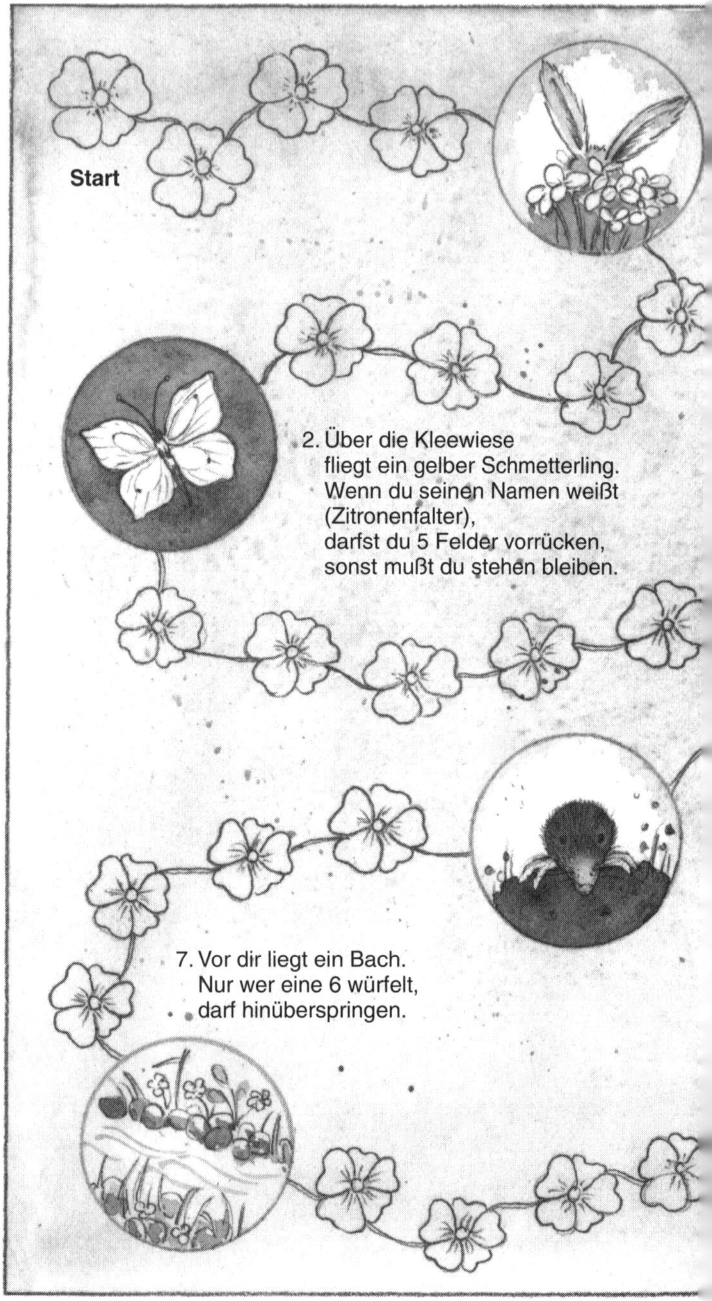

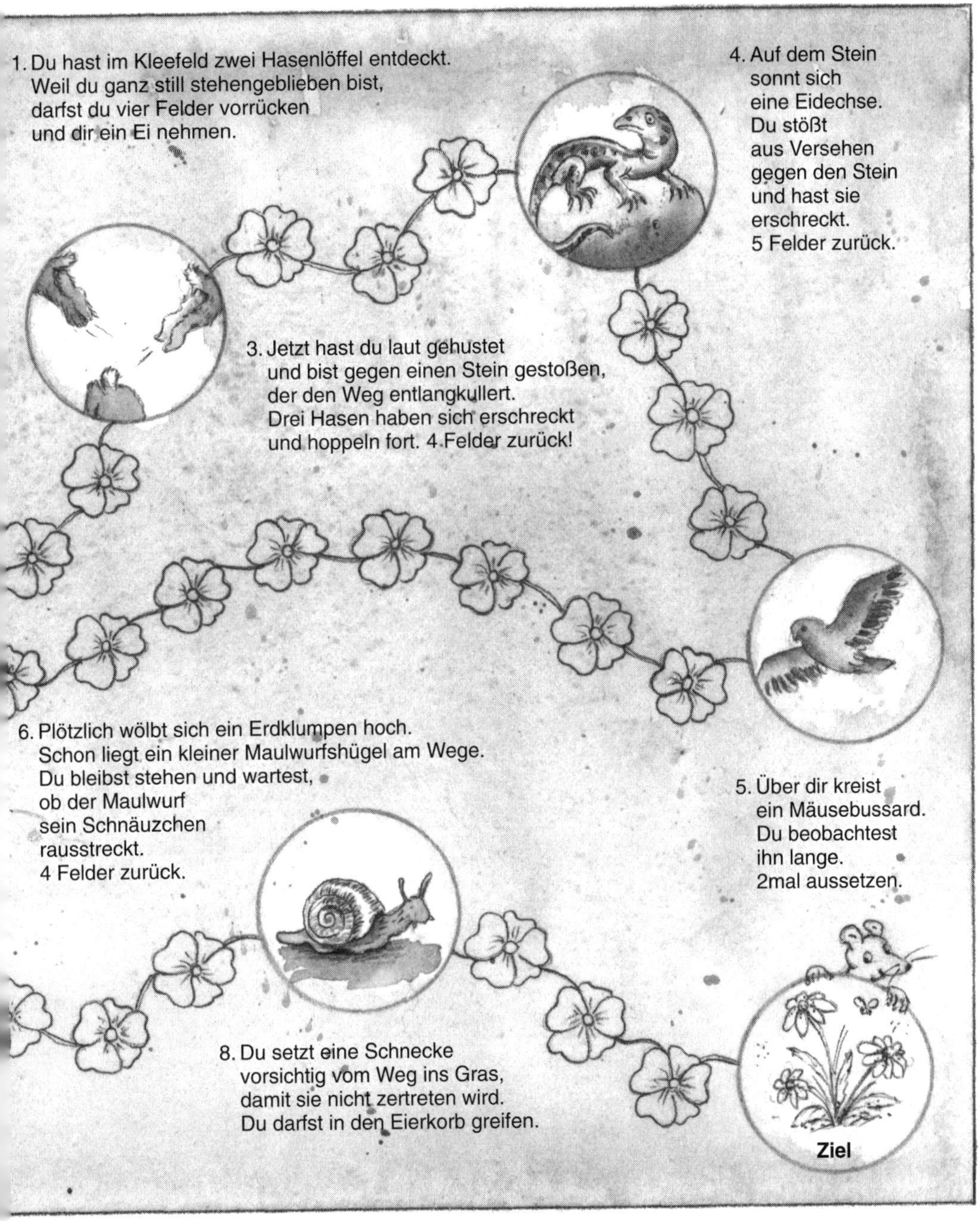
1. Du hast im Kleefeld zwei Hasenlöffel entdeckt.
Weil du ganz still stehengeblieben bist,
darfst du vier Felder vorrücken
und dir ein Ei nehmen.
3. Jetzt hast du laut gehustet
und bist gegen einen Stein gestoßen,
der den Weg entlangkullert.
Drei Hasen haben sich erschreckt
und hoppeln fort. 4 Felder zurück!
4. Auf dem Stein
sonnt sich
eine Eidechse.
Du stößt
aus Versehen
gegen den Stein
und hast sie
erschreckt.
5 Felder zurück.
5. Über dir kreist
ein Mäusebussard.
Du beobachtest
ihn lange.
2mal aussetzen.
6. Plötzlich wölbt sich ein Erdklumpen hoch.
Schon liegt ein kleiner Maulwurfshügel am Wege.
Du bleibst stehen und wartest,
ob der Maulwurf
sein Schnäuzchen
rausstreckt.
4 Felder zurück.
8. Du setzt eine Schnecke
vorsichtig vom Weg ins Gras,
damit sie nicht zertreten wird.
Du darfst in den Eierkorb greifen.
Ziel

Beim Hasenfußball

Text: Barbara Cratzius
Musik: Ludger Edelkötter

Dieses lustige Hasenlied lädt zu vielfältigen Mitmachaktionen ein. Die Hasen können zunächst im Kreis sitzen und pantomimisch Salat und Möhren mümmeln. Dann wird pantomimisch Fußball gespielt. Zu beiden Seiten des Spielfeldes wird mit Steinen oder Stöcken ein Tor markiert. Die Hasenfrauen stehen rings im Kreis und feuern die Hasenmänner an.
Ganz spannend wird die Spielgeschichte, wenn der Fuchs in die fröhlich spielende Hasenschar hineinfährt. Er versucht vergeblich, einen der Haken schlagenden Hasen zu fangen.
Am Schluß kann er selber mit dem Ball ein bißchen herumdrippeln, den Ball hochwerfen und einen Kopfball versuchen.

Dann geht es erst richtig los!
Wer schießt hinterm Busch empor?
Das ist mit der Schnuppernase
Hasenbengel Theodor.

Hat den Fußball sich geschnappt,
Willibald, der steht im Tor,
und der Fips mit schnellen Beinen
treibt das Leder hoch empor.

„Los", schreit Emil, „her den Ball!
Ich steh' außen hier ganz frei!"
Fops – der muß ein Foul jetzt treten,
Fips schreit laut: „Ne Schweinerei!"

Nummer 13 stürmt jetzt vor,
alle er umdrippeln kann.
Trixt sie aus, der tolle Emil,
jagt zum Torschuß schnell heran.

Rein das Leder – hipp, hurra!
Willibald schaut ganz dumm drein.
Alle Hasenfrauen winken,
hören gar nicht auf zu schrein.

Für die Mannschaft „Grüner Klee"
steht es bald schon: 3:2!
Und es läßt die Ohren hängen
Herrenriege „Gelbes Heu".

Doch der Mittelstürmer schnell
stürmt jetzt mit dem Balle vor.
Willibald und Fips, sie schreien:
„Weiter! Los! Und noch ein Tor!"

Und nun steht es: 4:3!
„Grüner Klee" brüllt schon: „Hurra!"
„Nichts wie weg!" schreit Willi plötzlich.
„Weh – Gefahr! Der Fuchs ist da!"

Wie der Blitz saust alles los
übern Acker, übern Klee.
Oh – der wilde böse Räuber!
Scharfe Zähne, die tun weh!

Wupp – schon ist die Wiese leer.
Reinke Fuchs schaut dumm hervor,
leckt sich wütend seine Schnauze:
„Nächstes Mal schieß ich ein Tor!"

Malspiel vom Igel und Hasen

Ich mal' den Igel Stachelfritz
mit seinen Stacheln lang und spitz.
Was meint ihr – läuft der wie der Blitz?
Nun mal' ich seine Igelfrau,
die beiden sind sehr frech und schlau.

Nun mal' ich den Hasen Mümmelmann,
schaut euch die langen Ohren an!

„Wolln wir um die Wette laufen?"
so spricht der Igel Stachelfritz
mit seinen Stacheln lang und spitz.
Der Hase ruft: „Topp, 1–2–3!
Die Wette gilt, ich bin dabei!"

Der Hase saust: „Hopp, hopp, hurra!"
Die Igelfrau ruft: „Ich bin schon da!"

Und noch einmal geht's: „Hopp, hopp, hurra!"
Die Igelfrau ruft: „Ich bin schon da!"

Die Ackerfurchen hin und her,
der Hase japst und pustet sehr.
Nun kann der Hase nicht mehr laufen
und muß sich erst einmal verschnaufen.

Und Igelfrau und Igelfritz
mit ihren Stacheln lang und spitz,
die rufen: „Haha, wir sausen
wie der Blitz!"

Hasen fix und fertig

Ein lustiger „Musterhase"

Diesen lustigen Hasen könnt ihr aus Resten von Tapetenmustern oder Teppichbodenresten basteln.
Ihr malt die Umrisse auf der Rückseite auf und schneidet dann den Hasenkörper aus. Ohren, Arme, Beine und Schwänzchen könnt ihr aus buntem Stoff oder buntem Geschenkpapier extra zuschneiden.
Mit Musterklammern werden die einzelnen Teile verbunden; so sind sie beweglich.
Für die Augen schneidet ihr einen weißen und einen kleinen schwarzen Kreis aus.
Sicher entstehen viele verschiedene lustige bunte „Musterhasen", die ihr an der Wand, am Fenster oder frei im Raum aufhängen könnt.

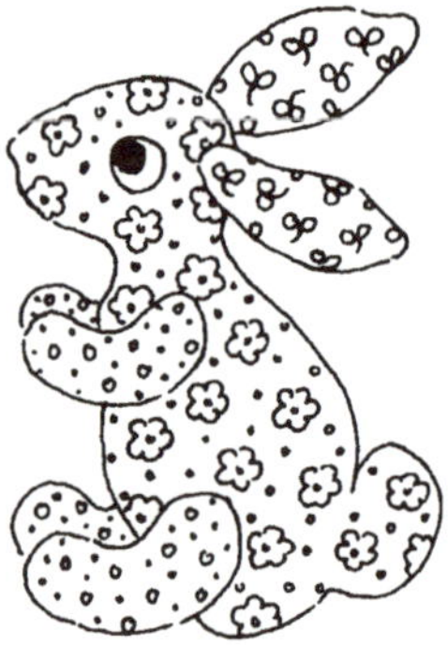

Hase aus Korken

Material: Korken, Klebe, braunes Tonpapier, Filzstifte, Watte.
Herstellung: Auf den Korken wird das Gesicht des Hasen gemalt.
Danach werden die aus braunem Tonpapier ausgeschnittenen Ohren hinten angeklebt. Als Schwanz wird ein wenig Watte zu einer Kugel geformt und angeklebt.

K. Ohms

Osterhasen auf dem Frühstückstisch

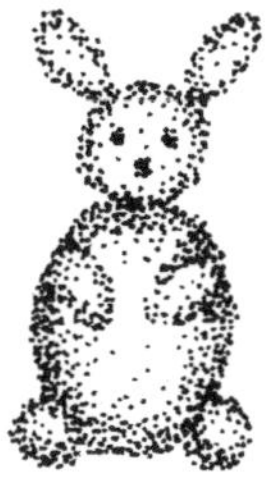

Für die Osterhasen bereitest du einen Hefeteig zu.
Dazu brauchst du: 6 Tassen Mehl, 1/2 Tasse Zucker, 1 Paket Trockenhefe, 1 Teelöffel Salz, 1 Ei, 3 Eßlöffel Öl, 1 1/2 Tassen lauwarmes Wasser.
So wird der Teig gemacht:

1. Vermische Mehl, Zucker, Trockenhefe und Salz in einer Schüssel.
2. Gib lauwarmes Wasser, Ei und Öl dazu.
3. Knete den Teig kräftig, bis er glänzend und glatt ist.
4. Decke den Teig mit einem Tuch zu und laß ihn an einem warmen Ort eine Stunde lang ruhen.
5. Knete den Teig noch einmal kräftig durch.
6. Teile ihn in 6 bis 8 Portionen (für 6 bis 8 Hasen)
   Aus jeder Portion entsteht ein Osterhase:

Form a:
Kopf
Ohren
Bauch
Schwanz
und Fuß

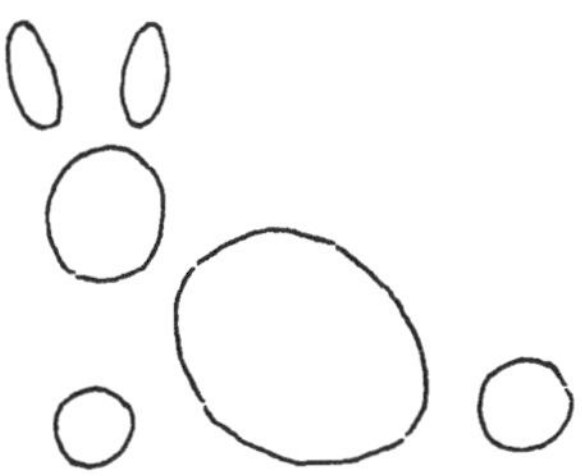

Füge Kopf, Ohren usw. zusammen und bestreiche sie mit verquirltem Ei. Setze Augen und Nase aus Rosinen auf das Hasengesicht.

7. Der Hase muß auf einem gefetteten Backblech 20 Minuten lang backen (Gas: Stufe 4 bis 5, Elektroherd: 220°)

Form b:
Kopf
Ohren
Bauch
Arme
Füße

Form c:
Kopf
Ohren
Bauch

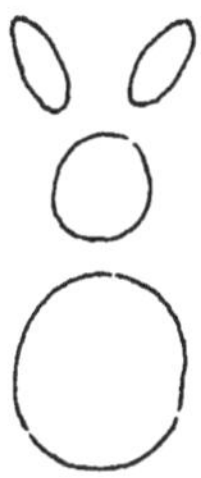

Nest aus zwei Teigrollen, die du zu einer Kordel verdrehst.

Drücke die Enden der Kordel mit etwas verquirltem Ei fest aneinander. Biege die Kordel zu einem „Halbmond" und setze den Hasen hinein. Lege ein paar Backpflaumen und Rosinen als Ostereier in das Nest.

E. Scharafat

Kapitel 6: Erbsen, Möhren und Quark machen dich gesund und stark

Vorbemerkung: In diesem Kapitel möchte ich Tips für gesunde Ernährung geben. Eine wohlausgewogene Vollwertkost ist die Voraussetzung für Gesundheit und Leistungsfähigkeit unserer Kinder. Vollwertkost ist keine „Diät", sondern die Versorgung unseres Körpers mit „Lebensmitteln" statt nur mit „Nahrungsmitteln".
Der Ernährungsforscher Werner Kollath hat schon vor Jahrzehnten gefordert: „Laßt unsere Nahrung so natürlich wie möglich!"
So verzichten wir in der Vollwertküche darauf, daß wir die der Gesundheit dienenden Lebensmittel zu „toten" Nahrungsmitteln verarbeiten. Dazu gehört: möglichst kurzes Erhitzen des wertvollen Gemüses (z.B. in speziell beschichteten Pfannen und Töpfen); kein Fortschütten des Gemüsewassers; möglichst kein Erhitzen des wertvollen Honigs; Obst und Gemüse so viel wie möglich roh verzehren; bereits gekochtes Gemüse möglichst nicht mehrmals aufwärmen.

Weitere Grundregeln für die Vollwertküche:
Wir verwenden biologisches Vollgetreide (möglichst frisch geschrotet und gemahlen) statt des wertlosen Weißmehls. Wir versuchen, den Vitaminräuber Zucker nach und nach durch Honig, Ahornsirup, Birnen und Apfeldicksaft oder Ursüße (getrockneter Pflanzensaft aus Zuckerrohr, der die ursprünglichen Vitamin- und Mineralstoffe enthält) zu ersetzen. Wir verwenden kaltgepreßte Pflanzenöle und frische Butter statt raffinierter Fette, Milchprodukte in jeder Form (bei Milchallergie auf Sojaprodukt zurückgreifen), selbstgekeimte Samen und Körner.
Daraus folgt, daß Pizzas, die heißgeliebten Nudeln und Hamburger nicht verboten sind, wenn wir sie nach unseren gesunden Ernährungsmethoden zubereiten. Allerdings sollten Limonaden, Cola, Pommes frites und ungesunde Naschereien, so weit wie möglich aus dem Speisezettel unserer Kinder verschwinden.
Vollwertkost bedeutet, daß unsere Kinder von Anfang an sämtliche Nährstoffe bekommen, die sie für den Aufbau der Knochen, Muskeln und anderer Organe brauchen.
Weil in der Vollwertkost ein hoher Anteil an Ballaststoffen enthalten ist, lernen die Kinder auch früh, ein richtiges Gefühl für Hunger und Sättigung zu empfinden. Dadurch kann Übergewicht vermieden werden. Durch den hohen Anteil der Mineralien und Vitamine wird im kindlichen Körper das Immunsystem gestärkt, und es werden Abwehrkräfte gegen Grippe und andere Erkältungskrankheiten entwickelt.
Bei einer gesunden, ausgewogenen Vollwertkost, die Nüsse, Samen, Trockenfrüchte, Hülsenfrüchte, Milchprodukte, Gemüse (möglichst Freilandgemüse), Kartoffeln und Vollgetreideprodukte enthält, kann der Fleischverzehr erheblich eingeschränkt werden.
Wir brauchen unsere Kinder nicht unbedingt zu Vegetariern erziehen. Aber Fleisch- und Fleischprodukte sollten nur als kleine Beilage verzehrt werden, um den Körper mit möglichst wenig tierischem Fett und Cholesterin und sehr viel Salz zu belasten. Außerdem enthalten viele Wurstsorten schädliche Konservierungsstoffe und einen hohen Anteil an minderwertigem Fett.

Für unsere Kinder im Kindergarten und in der Gruppe können wir viele dieser Ernährungsvorschläge bei einem gemeinsamen Frühstück umsetzen. Vielleicht kann man bei einem Elternabend das Thema Kindergartenfrühstück anschneiden und auch einen gemeinsamen Ernährungskurs mit praktischen Anleitungen durchführen. Dabei ist das Klima während des Essens, die fröhliche, fast festliche Atmosphäre, von Anfang an wichtig.
In Familien, in denen beide Eltern berufstätig sind, fehlt oft die Zeit für ein gemeinsames ruhiges Frühstück. Das fängt schon mit der Phantasie beim Tischdecken, mit der Bereitstellung verschiedener Zutaten für das Müsli, denn die „Augen der Kinder essen mit".
Ernährungswissenschaftler betonen immer wieder, daß auch die Sekretion der Magensäfte abhängig ist von dem Wohlbefinden, der inneren Ausgeglichenheit bei Tisch, von der Freude über eine liebevoll zubereitete Mahlzeit.

Bevor ich statt weiterer theoretischer Überlegungen eine Reihe von Vollwertrezepten für ein vielseitiges, liebevoll gestaltetes Kinderfrühstück und Ideen für leckere Überraschungen bei einer Kinderparty gebe, möchte ich noch auf den „großen Durst" unserer Kleinen hinweisen.

Für das richtige Zähneputzen, das auch im Kindergarten nach dem Frühstück erfolgen sollte und miteinander besonders Spaß macht, geben die folgenden Schaubilder eine gute Anleitung.

1. Wir malen mit der Zahnbürste kleine Kreise über die geschlossenen Zähne.

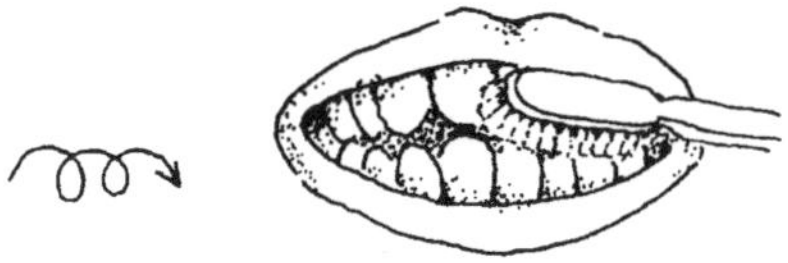

2. Wir putzen gründlich erst oben, dann unten die Backenzähne.

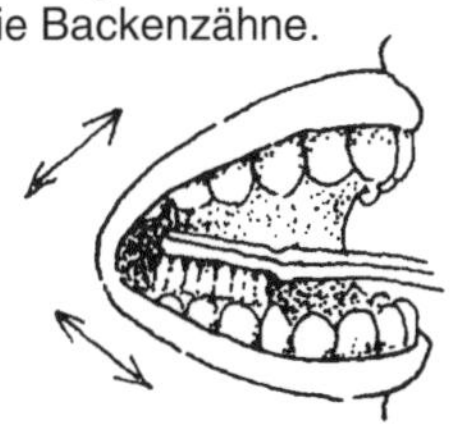

3. Wir putzen die Innenflächen der Schneidezähne oben, unten, von rot nach weiß; aber immer mit dem Zahnfleisch anfangen, dann zu den Zähnen hin putzen.

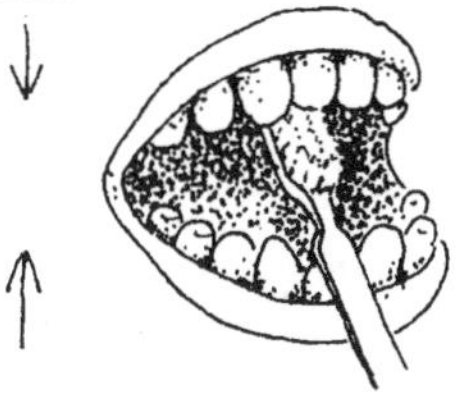

4. Wir putzen die Innenseite der Backenzähne und drehen dabei die Bürste um die eigene Achse. Zum Schluß spülen wir mehrmals kräftig aus.

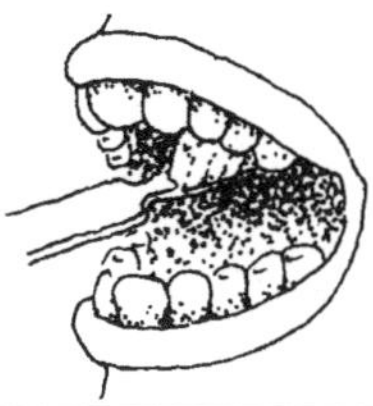

Der Flüssigkeitsbedarf unserer Kinder ist etwa drei- bis fünfmal so groß wie der eines Erwachsenen. Besondes bei extremen Hitze- und Sonnenverhältnissen wie auch bei langen Autofahrten im Sommer, müssen wir dafür sorgen, daß wir unseren Kindern genügend Flüssigkeit zuführen.
Meine dreijährige Nichte mußte nach einer langen Autofahrt durch Spanien und Frankreich wegen Zusammenbruchs der Körperfunktionen in eine Klinik eingeliefert werden. Sie hatte zu wenig zu trinken bekommen.
Während unseres Auslandsaufenthaltes in Madrid habe ich unser Kleinkind auf langen Autofahrten ständig mit Wasser abgerieben, weil auch durch die Haut Feuchtigkeit aufgenommen wird. Außerdem gab ich ihm ständig immer wieder reichlich zu trinken.
Als Durstlöscher sollten wir aber nicht zu Fertiggetränken mit hohem Zuckergehalt wie Limonade, Cola usw. greifen.
Besonders geeignet sind frischgepreßte Obst- und Gemüsesäfte, mit Mineralwasser aufgefüllt, mit Honig gesüßt.
Früchtetees, die von den Kindern schon wegen der rötlichen Farbe gern getrunken werden, und Buttermilch sind erfrischende Getränke an heißen Sommertagen. Milchmixgetränke, gemixt mit Früchten wie Erdbeeren, Bananen, enthalten viel Eiweiß und Kalzium.

Es gibt Vertreter der Vollwertkost, die Süßes radikal ablehnen. Das würde aber eine unnötige Härte bedeuten und unsere Kinder doch nur zu heimlichem Naschen verführen. Schon Seneca, Philosoph zur Zeit des römischen Kaisers Nero, hat gesagt: „Glückselig und naturgemäß leben ist ein und dasselbe. Und wir leben naturgemäß, wenn wir die körperlichen Anlagen und Bedürfnisse für unsere Natur sorgfältig, aber nicht ängstlich beachten."
Darum sind in den folgenden Rezepten immer wieder Vorschläge enthalten, die das Bedürfnis der Kinder nach Süßem befriedigen. Anstelle des weißen Zuckers werden Trockenfrüchte, Rübensirup, Apfel- und Birnendicksaft sowie Ursüße angeboten. Wichtig ist, daß wir unsere Kinder auch nach dem Verzehr dieser „Süßigkeiten" zu intensivem Zähneputzen anleiten, denn auch diese Süßungsmittel greifen den Zahnschmelz an.

Lied der Zahnbürste

Text: Barbara Cratzius
Musik: Ludger Edelkötter

Hast du Mittag grad gegessen,
Zähneputzen nicht vergessen.
Hin und her,
das ist nicht schwer.
Kreisen, kreisen, bitte sehr!

Hast du Abendbrot gegessen,
Zähneputzen nicht vergessen!
Hin und her,
bitte sehr,
kreisen, kreisen ist nicht schwer!

Gummibärchen und Lakritzen
machen bald im Zahn dir Ritzen!
Sieh dich vor,
spitz das Ohr.
Das ist alles nicht gesund!

Süße Schokoladenstücke
sind gemein und voller Tücke.
Sieh dich vor,
spitz das Ohr.
Das ist alles nicht gesund!

Bonbons, Lollis, Marzipan
greifen deine Zähne an.
Sieh dich vor,
spitz das Ohr.
Das ist alles nicht gesund!

Äpfel, Birnen und Rosinen
Honig von den fleiß'gen Bienen
sind gesund
für den Mund
und für deinen Körper auch.

Hefe, Gerste, Blumenkohl
tun dem ganzen Körper wohl.
Drum sei schlau,
paß auf genau.
Das schmeckt gut und ist gesund.

Nun zählt auf noch viele Sachen,
die dem Körper Freude machen.
Du wirst nun
das Richt'ge tun.
Das schmeckt gut und ist gesund.

Mit den Kindern aufzählen: Mohrrüben, Kartoffeln, verschiedene Gemüsesorten, Nüsse, Mandeln ...
Der Kampf gegen die süßen Verführer kann nicht früh genug beginnen und muß immer weitergeführt werden angesichts der vielen Verlockungen der Zuckerindustrie.

Spiel mit der Zahnbürste

Zähneputzen, Zähneputzen,
das ist bei uns Brauch.
Zähneputzen, Zähneputzen
kannst du auch.
Hoch und runter, nach dem Essen
Kreisen, kreisen nicht vergessen!

Es ist ganz wichtig, mit den Kindern die „Rotationsmethode", das Kreisen mit der Zahnbürste (abends drei Minuten) zu besprechen (siehe auch Seite 97).

Kasper und Gretel beim Zahnarzt

Es spielen mit:
Kasper
Gretel
Teufel
Zahnarzt Dr. Schmerzfrei

Wir brauchen:
Zahnarztspiegel (aus Staniolpapier Spiegel und Bohrer formen und an einem Bleistift befestigen)
Zahnbecher

1. Szene: Vor dem Kasperhaus

Kasper: Tritra-trullala,
Kasper ist nun wieder da.

Guckt mal, Kinder, was ich in der Hand habe! Die Großmutter hat mir eine ganz neue tolle lila Zahnbürste geschenkt. Damit macht das Zähneputzen richtig Spaß. Und diesen roten Zahnbecher noch dazu. Mit einem lustigen Lied putze ich mir noch viel lieber die Zähne!

(Melodie: Alle meine Entchen)

Alle meine Zähne
putz' ich jeden Tag.
Morgens, mittags, abends,
weil ich das so mag.

Alle meine Zähne
sind ganz weiß und fest.
Selbst von Gummibären
laß' ich keinen Rest.

Alle meine Zähne
beißen ganz fest zu.
Putz' ich rauf und runter
immer – immerzu.

Kinder, ich sag' euch, mit meiner neuen Pfefferminzzahnpasta geht das nochmal so gut. Das macht wirklich einen Riesenspaß!

Und weil ich so aufpasse, brauch' ich nur ganz selten zum Zahnarzt. Und gebohrt hat er auch noch nicht.
So, jetzt will ich erst mal zur Großmutter und Wäsche aufhängen helfen. Alle meine Kaspersocken und die Ringelkniestrümpfe und die gestreiften Unterhosen und die karierten Unterhemden und die rote, blaue und grüne Kasperzipfelmütze.
Tschüs, Kinder!

(Kasper ab)

Gretel: (kommt mit einem Korb auf die Bühne)

Guten Morgen, liebe Kinder. Ach, ich bin so fleißig gewesen! Ich hab' für die Großmutter so viel eingekauft! Mehl und Butter und Milch und Eier. Dann sollte ich noch Bananen und Äpfel kaufen. Für den Nachtisch, hat Großmutter gesagt.
Wißt ihr, was ich lieber zum Nachtisch gekauft habe? Lollis und Smarties und Kaugummis ...!
Mmh – das schmeckt!
So, und jetzt ruhe ich mich erst mal aus und lutsche ein bißchen. Ach, da ist mein neues Comic-Heft. Das gucke ich mir in Ruhe an, zu Haus muß ich ja doch nur Unkraut ausrupfen.

(Gretel liest am linken Bühnenrand, der Teufel kommt von rechts)

Teufel: Guten Tag, liebe Gretel. So ist's recht! Solche schönen gefärbten Sachen, die sind gesund. Davon kannst du gleich die ganze Tüte aufessen! Bananen und Äpfel und Birnen, das ist doch solch ein ungesundes Zeug, davon wird man nicht groß und stark. Stimmt's Kinder?

(Kinder protestieren)

Und Zähneputzen, das ist ganz besonders schädlich. Da putzt man ja die ganzen schönen Süßigkeiten wieder aus dem Mund heraus. Weißt du, im Mund, da leben so viele kleine fleißige Zwerge, die heißen Bakterien. Sie knabbern so gern die Zähne und das Zahnfleisch an. Die soll man bei der Arbeit ja nicht stören! Ich will dir mal das Lied von den Zwergen Bak und Terie vorsingen:

(Auf die Melodie: „10 kleine Negerlein!)

Ein kleines Zwerglein,
das lebt in Gretels Mund.
Das mochte gerne Süßigkeiten,
denn die sind so gesund.

Ein kleines Zwerglein,
das blieb nicht gern allein.
Es holte sich noch Freunde her,
ließ Bak und Terie ein.

Drei kleine Zwerglein,
die riefen immer mehr:
„Hier gibt es Zucker, das schmeckt toll,
nur zu, kommt alle her!“

Viele fleiß’ge Zwerglein
in deinem kleinen Mund!
Steck nur die Zahnbürste schnell weg,
denn die ist ungesund!

Gretel: Das ist ja ein lustiges Lied! Zähneputzen mag ich nämlich gar nicht so gern! Abends bin ich meistens zu müde dazu.

(Sie faßt sich an die Backe)

Aua, das tut ja so weh! Hinten mein Backenzahn! Aua – aua!

Kasper: (kommt singen auf die Bühne)

Tritra-trullala ... So – die Wäsche hab’ ich aufgehängt. Nun kann ich der Gretel den Korb tragen helfen. Aber Gretel, Gretel, was ist denn los? Was hast du denn?

(er sieht den Teufel)

Was machst du denn schon wieder hier? Ich hab’ dir doch erst neulich mit dem Ausklopfer eins übergezogen, weil du den Kindern gesagt hast, sie sollen quer über die Straße laufen.
Wart, ich hol’ meinen Kasperstock.

(verdrischt ihn)

Teufel: Aua – aua – ich hab' doch gar nichts Böses gemacht. Stimmt's Kinder?

(Kinder protestieren, Teufel ab)

Kasper: Gretel, was ist denn los?

Gretel: Ach, Kasper, ich hab' ja solche Zahnschmerzen! Und ich mag doch nicht zum Zahnarzt gehen; ich hab' ja solche Angst davor!

Kasper: Der Zahnarzt Dr. Schmerzfrei ist ein sehr netter Mann. Du wirst sehen, in einer halben Stunde hast du keine Zahnschmerzen mehr!

2. Szene: Beim Dr. Schmerzfrei

Dr. Schmerzfrei: Na, liebe Leute, wo fehlt's denn? Der Kasper strahlt ja über beide Backen – aber die Gretel hat bestimmt Zahnschmerzen! Das seh' ich ihr an der Nasenspitze an!
So Gretel, dann setz dich mal hier hin. Nun machst du schön den Mund auf! Du kannst hoch zur Decke gucken – siehst du die schöne Blumenwiese? Da hüpfen lauter kleine Häschen hin und her. Und die Häschen haben so gern an den Möhren geknabbert – knibber – knack – und so viele grüne Salatblätter gekaut. Ganz bestimmt keine süßen Gummibären und Lakritzstangen!
Ganz schöne scharfe Zähne haben die kleinen Häschen! Und der allerkleinste, der Pummelschwanz, der ist auf einen Stein gesprungen, hat mit den Hinterpfoten getrommelt und gerufen:

Ich hab' zwei lange Öhrchen,
ich mag so gerne Möhrchen,
knibber–knabber–knibber-knab,
dir beiß' ich gleich die Rübe ab.

Und dann ist er vom Stein gesprungen und hat seinem Hasenbruder Peter an den Barthaaren gezupft aus lauter Übermut. Dann haben sie Verstecken gespielt – hinter den Hecken und an der Kleewiese. Und wupp – da hat der Pummelschwanz den Peter gefangen!
Und ich hab' auch den Bösewicht in deinem Mund gefangen! Da war ein schlimmes Loch ganz hinten im Backenzahn. Ich hab' gebohrt und eine Füllung hineingemacht – schon bist du fertig!

Gretel: Was, schon fertig? Und es hat gar nicht wehgetan! Und so eine schöne Geschichte hast du auch noch erzählt.

Dr. Schmerzfrei: Ja, liebe Gretel, aber du mußt dir viel besser die Zähne putzen! Nimm dir ein Beispiel an Kasper! Der putzt dreimal am Tag die Zähne.
Tut ihr das auch, liebe Kinder?

(Kinder antworten)

Gretel: Tu ich ganz bestimmt, lieber Doktor!

Kasper: Und nun singen wir alle zusammen unser lustiges Lied von den Zähnen!

(Auf die Melodie: „Alle meine Entchen“)

32 Heinzelmännchen
sind in meinem Mund.
32 Heinzelmännchen,
die halt' ich gesund!

Und ich putz' sie immer fleißig,
putzen ist nicht schwer.
Hoch und runter, links und rechts,
immer hin und her.

Und zum Dr. Schmerzfrei,
hört, das ist doch klar,
gehen Peter, Kai und Till
einmal hin im Jahr!

Rezepte für gesundes Essen

Schnelle Pizzascheiben

Zutaten: Vollkornscheiben, Butter, Tomatenmark, Tomaten, Zwiebeln, Paprika, Thymian, Pfeffer, Oregano, Salz, Öl, Vitamin-R (vitaminhaltiger Hefeextrakt aus dem Reformhaus), Käsescheiben, die leicht schmelzen, z.B. Emmentaler.
Die Zwiebeln, Paprika und Tomaten werden kleingeschnitten und mit den Gewürzen etwa 10 Minuten in Öl gedünstet. Am Schluß wird die Vitamin-R-Paste zugegeben.
Die Vollkornscheiben werden mit Butter und Tomatenmark bestrichen, das Gemüse wird darübergefüllt und eine Scheibe Käse darauf gelegt. Die Scheiben werden im vorgeheizten Backofen etwa 10 Minuten gebacken (bis der Käse zu schmelzen beginnt).
Ich habe verschiedene Brotsorten zu diesem schnellen Rezept ausprobiert. Sehr gut geeignet ist Vollkorntoast. Auch Fladenbrot, wie es jetzt oft angeboten wird, eignet sich hervorragend.
Man schneidet es durch und belegt beide Böden jeweils mit Gemüsefüllung und Käsescheiben.
Zur Gemüsefüllung habe ich auch oft klein geschnittenen Porree, junge Erbsen oder Tiefkühlerbsen verwendet.
Diese Pizzascheiben können ein ganzes Mittagessen ersetzen; sie sind eine willkommene Stärkung auch bei einer Kinderparty oder bei einem Kindergeburtstag.

Bunte Überraschungsbecher

Aus Mager- oder Sahnejoghurt lassen sich verschiedene gesunde Desserts je nach Geschmack der Kinder herstellen.
Sie enthalten keinen Zucker und keine Farb- oder Konservierungsstoffe, wie sie oft bei Fertigprodukten zugefügt werden.
1. Wir fügen Trockenmischobst und kandierte gehackte Früchte zu.
2. Wir fügen (möglichst naturgesüßte) Marmelade und Bananen zu.
3. Wir fügen Honig, gehackte Haselnüsse und Carob-Pulver (Kakaoähnliches Johannisbrotmehl aus dem Reformhaus), zu.
Das ergibt drei gesunde Süßspeisen, die sich in Geschmack und Farbe unterscheiden. Wir variieren sie auch unterschiedlich (mit Nüssen, Früchten, Carob-Pulver usw.).

Quarkbrote „Aufgehende Sonne"

Zutaten: Vollkornbrotscheiben, Butter, Quark, Orangescheiben, kleine Geleefrüchte, Tomatenmark und Mayonnaise aus Tuben.
Wir bestreichen die Brotscheiben mit Butter und Quark und legen in die Mitte eine Orangescheibe. Die Strahlen der Sonne können wir mit Mayonnaise oder Tomatenmark auftupfen.

Grüne Überraschungsbrote

Zutaten: 4 bis 6 Scheiben Vollkornbrot oder Vollkorntoaste, 2 Avocados, etwas Tomatenketchup, nach Geschmack etwas Pfeffer, 1 Eßlöffel Honig, 1 Teelöffel Zitronensaft.
Wir halbieren zwei Avocados, holen das Fruchtfleisch heraus und zerdrücken es mit einer Gabel. Wir fügen die anderen Zutaten hinzu. Nun bestreichen wir die Brote mit der Avocadocreme und verzieren sie gemeinsam mit den Kindern (mit einer halbierten Olive, mit Gurkenscheiben, mit einer Zitronenscheibe, mit einem Tupfer Tomatenmark oder Mayonnaise aus der Tube). Das kann sehr lustige Clowns- oder Katzengesichter ergeben.

Gesunde Hamburger für Leckermäuler

Sesam- oder andere Vollkornbrötchen werden mit einer vegetarischen Paste bestrichen. Zwischen die beiden Hälften werden verschiedene „Muntermacher“ gelegt. Dabei können die Kinder ihre Wünsche äußern: Salatblätter, Apfelscheiben, Gurken, Radieschen-, Möhren- oder Tomatenscheiben.
Geschickte Hände können daraus kleine Frösche zaubern mit untergelegten Gurkenscheiben als Füße und aufgespritzten Augen aus der Mayonnaisetube mit einem kleinen Olivenstück darin

Leckere Bällchen für süße Bärchen

Zutaten: 200 g getrocknete ungeschwefelte Aprikosen oder Datteln, eine Prise Zimt und Vanillepulver, 2 Eßlöffel heißes Wasser, 1 Eßlöffel Orangensaft, etwas Zitronenschale, 1 bis 2 Eßlöffel Honig.
Zum Bestreuen: Mandelsplitter, Kokosraspel, Carobraspel, gemahlene Haselnüsse, Sesam.
Wir beträufeln die Aprikosen bzw. Datteln mit heißem Wasser und hacken sie im Blitzmixer klein oder drehen sie durch den Fleischwolf. Mit angefeuchteten Händen formen wir kleine Kugeln, die in den Mandelsplittern oder den anderen Zutaten gewälzt werden.
Das Rezept ergibt etwa 25 Kugeln, die nicht zu lange aufbewahrt werden sollten.

Süße Nußkugeln

Zutaten: 100 g Haferflocken, 75 g Weizenflocken, 60 g Rosinen, 60 g Walnüsse, gehackt, 100 g flüssiger Honig, 100 g Nußmus (aus dem Reformhaus), 100 g ganze Walnüsse.
Die Flocken werden mit den anderen Zutaten verknetet. Dann werden Kugeln geformt, in die eine Walnuß gedrückt wird.

Müsli für kleine Naschkatzen und phantasievolle Naschbären

Zutaten: 3 bis 4 Eßlöffel kernige Haferflocken oer frischgeschrotete Getreidemischung, 5 Eßlöffel Dickmilch oder 8 Eßlöffel frische Milch, 1 kleiner Apfel (in Stücke geschnitten oder gerieben und mit Zitrone beträufelt, damit er nicht braun wird).
Dies ist das Grundrezept. Nun können die Kinder sich selbst ihr Müsli anreichern und geschmacklich verfeinern. Dazu stehen außer verschiedenen Beeren und Früchten je nach der Jahreszeit bereit:

Sesamkörner,
Sonnenblumenkerne,
verschiedene Nußsorten,
Rosinen, Carobpulver,
Honig, Rübensirup, Ursüße,
Vanillepulver, Zimt, Delifruit
(= Gewürzmischung aus dem Reformhaus)
Zitronen-Orangenschalengranulat

Die Kinder können selbst ihr Geschmacksempfinden dabei entwickeln. Das Bereiten des Müsli fördert die Gemeinschaft. Gegenseitige Ratschläge: „Nimm doch ein bißchen mehr Zimt, das schmeckt so nach Weihnachten“, oder: „Walnüsse und Mandarinen schmecken am besten dazu“ führen zu einer fröhlichen, appetitanregenden Atmosphäre im Kindergarten, beim häuslichen Frühstück, bei Kinderfesten. Auch „schlechte Esser“ werden dabei kräftig zulangen.

Paßt auf beim Freßteufelsgeburtstag!

Ein Spiel um die gesunde Ernährung

Es spielen mit: Teufel, Kasper und Seppl.
Weil jeweils nur zwei Personen auftreten, kann das Stück gut von einem Spieler aufgeführt werden.

1. Szene: Hinter der Bühne ertönt Lärm mit Pauken, Holztrommeln, Pfeifen.

Freßteufel: Hui – hui – ich bin der Freßteufel! Ich werde heute 275 Jahre und 100 Monate alt. Da will ich einen Riesengeburtstag feiern. Und nun sing' ich euch gleich mal das Geburtstagslied vor!

(Melodie: Ein Vogel wollte Hochzeit machen ...)

Zum Feiern hol' ich Seppl her,
der kriegt den Teller ganz schnell leer! Fiderallala...

Ich will, daß er sich überfrißt,
weil heute mein Geburtstag ist! Fiderallala...

Hui – meine Großmutter hat schon alles eingekauft! Zehntausend Lollis und 1 Million Gummibärchen und 85 Negerküsse und drei Kübel Pommes mit Ketchup und gefärbte zuckersüße Brause, 30 Sorten mindestens.
Ich will, daß die Kinder sich ordentlich überfressen. Die essen doch am liebsten immer alles durcheinander! Stimmt's Kinder?

(Kinder protestieren)

Na, das glaub' ich euch nicht! Ich kenne Kinder, die werfen ihr gesundes Pausenbrot weg und kaufen sich dafür am Kiosk Lollis und Lakritzen. Und ich flüster' ihnen auch immer ins Ohr, daß sie alles so ungesundes Zeug essen sollen. Und jetzt soll mir meine Großmutter einen riesigen Geburtstagstisch decken mit lauter Sachen darauf, die so richtig schön ungesund sind. Wo bleibt denn nur die Großmutter?
Großmutter Wi-Wa-Wackelzahn, wo bist du?
Kinder, helft mir rufen! Die Großmutter hört doch auf einem Ohr so schlecht!

(Großmutter vom Freßteufel erscheint)

Freßteufels Großmutter: Ich komm' ja schon! Bin geschwind, geschwind! Was ist denn los?

Freßteufel: Na – was du so als geschwind meinst! Hast du alles fertig zu meinem großen Geburtstag? Vor allem viele klebrige Bonbons, so richtige Zahnzieher, fünf Sorten gefärbte Zuckertorten, und in die Brause mußt du noch extra 20 Löffel Zucker reinschütten! Am Eis fehlen noch 80 Löffel Zucker! – Die Pommes mach bitte ganz salzig und fettig, daß die Kinder einen Riesendurst auf Brause kriegen! Und kein dunkles Vollkornbrot, ganz viel klebriges Weißbrot! Die Kinder sollen alles durcheinander essen und Bauchschmerzen kriegen!

Freßteufels Großmutter: Ich lauf' ja schon, ich lauf' ja schon!

Freßteufel: Und meinen Freund Seppl setz' ich ganz oben an die Tafel! Dem hab' ich doch heute nacht einen richtigen Freßteufelstraum geschickt von all den leckeren Sachen zum Geburtstag! Der kommt bestimmt als erster her! – Ach, da kommt er ja schon aus dem Kindergarten! Und er lutscht gerade an einem langen Eis. Seppl!

Seppl: Ja, ja, ich komm ja schon! Was ist denn los?

Freßteufel: Ich lad' dich zu meinem Geburtstag ein, zu einem richtig schönen süßen Festessen!

Seppl: Toll, ich bin auch ganz pünktlich! Sonst kriege ich nicht genug Negerküsse ab!
Kinder – seid ihr auch zur Geburtstagsfeier eingeladen? Kommt doch alle mit!

(Kinder protestieren)

Schön dumm seid ihr!

2. Szene: Kasper tritt auf.

Kasper: Tri-tra-trullala,
Kasper, der ist wieder da!
Kinder, ich muß euch was Tolles erzählen!
Wir haben gerade im Kindergarten ein Wettspiel gemacht. Wir mußten ganz schnell dabei laufen. Auf der anderen Seite von der Wiese waren Wäscheleinen gespannt. Da mußte jeder 20 Söckchen aufhängen. Und ich bin als erster fertig geworden und bin ganz schnell wieder zurückgelaufen und hab' bei dem nächsten angeschlagen. Da haben wir gewonnen! Und wißt ihr, warum ich auch immer am weitesten und höchsten springen und werfen kann? Weil die Gretel mir immer so ein gutes Frühstück macht! Frische Milch und Vollkornflocken und Rosinen und kleingeschnittene Äpfel drin. Da krieg' ich überhaupt nicht so schnell wieder Hunger! Und ich hab' richtig Kraft in den Muskeln! Und dick bin ich auch nicht wie der Seppl! Der hat ja einen richtigen Kugelbauch, weil er immerzu nascht und alles durcheinanderfuttert.
Und damit ihr nicht vergeßt, wie ungesund solch eine Futterei ist, singe ich euch mein Lied von den Gummibärchen vor.

(Melodie: Horch, was kommt von draußen rein ...)

Gummibärchen und Lakritzen, hollahi ...
euren Zähnen gar nichts nützen,
Äpfel, Birnen, bitte sehr,
holt das Vollkornbrot euch her!

Müsli, Milch und auch Banane, hollahi ...
und nicht Schokoladensahne.
Laßt das Zuckereis auch stehn,
soll's den Zähnen gut ergehn!

Fanta, Cola, süße Sachen, hollahi ...
euren Zähnen Ärger machen.
Auch Konfekt und Negerkuß,
besser ist die Haselnuß!

Kaugummi und süßen Kuchen – hollahi ...
sollst du gar nicht erst versuchen!
Körner, Kerne, das ist toll,
packt gleich euren Teller voll!

Erbsen, Möhren und auch Quark – hollahi ..
machen dich gesund und stark.
Und Kartoffeln, 2, 3, 4
schenken frische Kräfte dir!

Kinder, Kinder, nah und fern, hollahi ...
gesunde Sachen eßt ihr gern!
Groß und stark wachst ihr heran,
und euch nichts mehr schaden kann!

Seppl: (kommt stöhnend auf die Bühne gerannt)
Oh – mein Bauch – der tut so schrecklich weh!

Kasper: Was ist denn los?

Seppl: Ich war beim Freßteufel auf der Geburtstagsparty und hab' so schrecklich viel gegessen! – Oh – mir ist so furchtbar schlecht! Ich muß schnell zur Großmutter, daß sie mir einen Kamillentee macht. Und eine Wärmflasche auf dem Bauch brauch' ich auch!

Kasper: Aber Seppl, heute nachmittag haben wir doch das Fußballspiel auf der großen Wiese. Wir brauchen dich doch in der Mannschaft!

Seppl: Nein, nein, ich kann mit meinem dicken Bauch sowieso so schlecht laufen!

Kasper: Dann stehst du eben im Tor!

Seppl: Ach, da muß ich ja hochspringen nach dem Ball, das kann ich erst recht nicht! Wie machst du das bloß, Kasper, daß du immer so schlank bleibst! Hungern mag ich nämlich überhaupt nicht!

Kasper: Du brauchst überhaupt nicht zu hungern. Du mußt bloß das Richtige essen! Obst und Gemüse und Müsli mit frischen Körnern und Vollkornreis, Kartoffeln und Milch und Quark und Käse.
Kinder, ich sing' dem Seppl nochmal die letzten Strophen von unserem Lied vor. Und ihr singt mit, wenn ihr das schon könnt

Erbsen, Möhren und auch Quark, hollahi ...
machen dich gesund und stark.
Und Kartoffeln, 2, 3, 4,
schenken frische Kräfte dir!

Kinder, Kinder, nah und fern, hollahi ...
gesunde Sachen eßt ihr gern.
Groß und stark wachst ihr heran,
und euch nichts mehr schaden kann.

So, Kinder, und wenn der Freßteufel euch nochmal ins Ohr flüstern will, daß ihr ungesunde Sachen essen sollt, dann lacht ihn einfach aus. Oder ihr zeigt ihm eine lange Nase oder gebt ihm einen kräftigen Klaps auf sein freches Mundstück!
Auf Wiedersehen, liebe Kinder!
Bis zum nächsten Mal!

Kapitel 7: Wenn hell die Ostersonne scheint

Vorbemerkung: Als ich das letzte Kapitel dieses Buches begann, das die Gestaltung der Osterzeit im Kindergarten zum Inhalt hat, waren mir die aktuellen Bilder von kriegerischen Auseinandersetzungen, Hungersnöten, Ölkatastrophen ... vor Augen: zerstörte Häuser, verletzte oder getötete Menschen, Kinder auf der Flucht, ölverschmutzte sterbende Tiere ...
Auch unsere Kinder werden schon früh mit Sterben und Tod konfrontiert. Sie erleben den Tod von Verwandten, den Tod eines geliebten Tieres; sie sehen täglich Bilder vom Tod und von Gewalttaten im Fernsehen. Und so fragen sie: „Was passiert, wenn ich tot bin?“ ... „Ist meine Katze jetzt im Himmel?“ ...
Wenn diese Themen nicht im tröstenden Gespräch, in der Zuwendung, im Gebet aufgearbeitet werden, können sie ein Kind sehr belasten. Wir sollten sie deshalb mit ihren Fragen und Ängsten nicht allein lassen und auch im Kindergarten darüber sprechen.
Ich möchte ein Erlebnis aus meiner eigenen Kindheit anfügen. Ich war oft Zeuge der asthmatischen Krampfzustände meines Großvaters und bildete mir ein, daß der Tod imer durch Ersticken eintreten müßte.
Ich erinnere mich ganz dunkel, daß ich viele Wochen heimlich „trainierte“, den Atem anzuhalten, um genügend „Vorrat an Luft“ zu haben, wenn ich einmal sterben müßte. – Ich wagte nicht, mit meinen Eltern darüber zu sprechen.
Eines Tages überraschte mich meine Mutter, wie ich mit hochrotem Gesicht vor dem Spiegel stand und wieder „übte“. Erst ein klärendes Gespräch erlöste mich von diesen Zwangsvorstellungen.
Ich bin sicher, daß es ähnlich verdrängte Ängste bei vielen Kindern gibt.
Ich stelle einige Geschichten an den Anfang dieses Kapitels. Sie werden Gesprächsanstöße unter den Kindern auslösen.

Weitere Literatur:
Brocher: Wenn Kinder trauern, Kreuz-Verlag, Stuttgart
Leist: Kinder begegnen dem Tod, Mohn, Gütersloh

Wo ist Opa jetzt?

Lukas läuft fröhlich die Straße entlang. Seine Brottasche hüpft hin und her. „Mami“, ruft er aufgeregt, „heute haben wir im Kindergarten toll mit den Indianern gespielt. Ich habe ganz viele in einer Reihe aufgebaut, die sind auf den großen Holzzaun zugeritten. Das spiel' ich am Sonntag mit Opa weiter. Opa kriegt dann die Reiter und ich die Indianer ohne Pferde!“
Mutter steht ganz still am Gartenzaun. Sie winkt Lukas nicht wie sonst entgegen. Ernst und traurig sieht sie aus. „Mami, was ist los?“ fragt Lukas ganz erstaunt.
„Am Sonntag können wir nicht zu Opa fahren“, sagt die Mutter. „Opa ist heute nacht eingeschlafen.“
„Eingeschlafen?“ fragt Lukas. „Aber es ist doch ganz helle Sonne! Warum wacht er denn nicht wieder auf?“

„Opa wacht nicht wieder auf!“ sagt die Mutter traurig. „Du weißt doch, er hat in den letzten Wochen immer viele Schmerzen gehabt und konnte auch nicht mehr so schnell gehen. Richtig geärgert hat er sich darüber, und er wollte auch nicht mit dem Stock gehen. Ich glaube, er ist in den letzten Wochen oft sehr traurig gewesen. – Nun hat er keine Schmerzen mehr. Nun braucht er auch nicht mehr traurig zu sein.“
„Aber er hat sich doch immer gefreut, wenn wir am Wochenende gekommen sind“, sagt Lukas. „Er hat immer so schön mit mir gespielt, Indianer und Cowboy, und im Sommer hat er so oft am Strand mit mir gebuddelt. Wir haben Muscheln und Steine gesammelt, und in diesem Sommer wollte er mir Schwimmen beibringen. Er konnte doch noch so gut schwimmen.“ „Du kannst mit Vati in diesem Sommer noch schwimmen gehen“, sagt die Mutter leise. „Wir müssen von Opa jetzt Abschied nehmen.“
Lukas ist ganz still. „Kommt Opa denn jetzt auf den Friedhof?“ fragt er nach einer Weile. – „Ja, er wird Donnerstag beerdigt“, sagt die Mutter.
Lukas denkt lange nach.“Kommt er dann in den Himmel?“ fragt er. „Als die Oma von Petra gestorben ist, hat sie gesagt, ihre Oma ist jetzt im Himmel.“
Auch die Mutter ist eine Weile ganz still. „Wenn Petras Eltern sagen, daß Oma im Himmel ist, dann meinen sie damit, daß die Oma ganz nahe bei Gott ist, daß Gott sie glücklich machen kann, auch wenn sie tot ist. Wir glauben und hoffen, daß Gott für unsere Lieben sorgt, daß ihnen nichts mehr weh tut.“
„Meinst du wirklich, daß es Opa jetzt gut geht?“ fragt Lukas leise. „Ja, ich glaube fest daran“, sagt die Mutter. „Weißt du, Opa hat schon öfter in den letzten Wochen mit mir darüber gesprochen, daß er keine Angst hat, sterben zu müssen. Er hat gesagt, daß nichts auf der Welt uns trennen kann von der Liebe Gottes. Und daß er bald zu einem großen Fest Gottes eingeladen wird!“

Vgl. Matth. 22,1ff., Johnannes 3,16, Römer 6,1–11, Römer 8,38–39.

Mutters Stimme ist ganz leise geworden. Lukas schaut die Mutter an. Sie ist so blaß und so ernst, daß er gleich wieder weggucken muß. „Ich helf' dir den Tisch decken!“ sagt er. „Und einkaufen kann ich auch und nachher im Garten das Unkraut auszupfen. Opa freut sich bestimmt darüber, wenn ich dir jetzt helfe!“

Wenn Maunzi doch wieder lebendig wäre!

Michael stürmt ganz aufgeregt in die Küche. „Mami, es ist etwas ganz Schreckliches passiert. Wir wollten bei der Ampel rübergehen über die große Straße zu den Wiesen, weißt du, da, wo unsere Höhle ist. Bei der Ampel war rot, da mußten wir ganz lange warten. Es sind so viele Laster vorbeigedonnert. Auf einmal sahen wir Andriks schwarzweiße Katze über die Straße sausen. Da hat der eine Laster sie mit den Vorderrädern erwischt. Ganz hoch durch die Luft ist sie geflogen. Auf einmal lag sie im Gras, dicht neben uns. Sie hat sich nicht mehr bewegt. Ganz schlaff und zusammengerollt lag sie da, die niedliche Katze. Sie muß gleich tot gewesen sein!"

Michael kann sich gar nicht beruhigen. „Sie soll da nicht liegenbleiben! Wir holen eine Kiste und polstern sie mit Gras und Moos aus. Und dann graben wir sie bei Andrik im Garten unter dem Apfelbaum ein. Andriks Mutter hat gleich gesagt, er darf sich eine neue Katze zum Geburtstag wünschen. Aber so eine schöne, liebe wie die Maunzi kriegt er niemals wieder. Eine zweite Maunzi gibt's auf der ganzen Welt nicht mehr! Weißt du noch, wie sie immer durch unsern Garten geschlichen ist! Und diese niedliche, rosarote Zunge! Einmal hat sie mich ganz schön gekratzt, als ich mit ihr gespielt habe. Guck mal die Schramme! Aber macht nichts, wenn sie bloß wieder lebendig wäre.

Ich hab' gar keine Lust mehr zum Spielen. Das Sofa drüben sieht ganz leer aus", fügt Michael hinzu, „ich muß immer an Maunzi denken."

Auch Kinder müssen Trauerarbeit leisten. Andrik wird sich nicht so schnell mit der Aussicht auf eine neue Katze trösten lassen.

Warum hängt der Mann da am Kreuz?

Gott hat uns Menschen sehr lieb. Er will nicht, daß wir auf der Erde Angst und Not leiden und allein sind. Darum hat er Jesus zu uns geschickt. Ihr wißt, daß er als kleines Kind in der Krippe bei Ochs und Esel lag. Wir haben Lieder von Maria und Josef und den Hirten und den Königen gesungen. Er hat vielen Kranken und traurigen Menschen geholfen. Er ist auch zu den Armen und Verlassenen gegangen, auch zu denen, die etwas Böses getan haben, die ausgestoßen und verachtet wurden. Er hat ihnen gesagt, daß Gott ihnen das Böse vergeben will. Aber das hat andere Menschen geärgert. Die wollten, daß man sich nicht versöhnt, daß die bösen Menschen verachtet und ausgestoßen bleiben sollen. Deshalb haben sie Jesus angeklagt. Sie haben ihn zum Tode verurteilen und töten lassen!

Aber Gott hat Jesus nicht im Tode gelassen. Er hat ihn aufgeweckt. Das ist zu Ostern geschehen. Nun kann Jesus immer bei allen Menschen sein. Wenn wir zu ihm beten und die Worte lesen, die er zu uns gesagt hat, als er hier auf der Erde war, dann fühlen wir, daß er uns lieb hat, daß wir nicht allein sind.

Damit wir all das nicht vergessen, haben Menschen von ihm viele Bilder gemalt oder geschnitzt: Wie er in der Krippe liegt, wie er anderen Menschen hilft und sie tröstet und wie er am Kreuz hängt und wie Gott ihn aufgeweckt hat.

Auch den kleinen Kindern werden oft das Kreuz und Jesus am Kreuz begegnen. Für süddeutsche Kinder ist dieser Anblick durch die vielen Wegkreuze vertraut.

Unser damals zweieinhalbjähriger Sohn ist während unserer Auslandslehrerzeit in Spanien oft in spanischen Kirchen gewesen. Er ist ein sehr unsensibles, realistisches Kind; ihn haben die Kruzifixe sehr interessiert. Er sprach oft von „Anka“ (Onkel) am „Ti“. Ti war für ihn damals der Buchstabe T, den er gern aus einem Setzkasten mit Holzbuchstaben herausfischte. Ihn hatte die Kreuzigungsszene also nicht erschreckt.

Ich erinnere mich aber an meine eigene Kinderzeit, daß mich die Darstellung des (oft blutenden) gekreuzigten Jesus sehr geängstigt hat. Man sollte die Kinder möglichst nicht unnötig früh mit sehr realistischen Darstellungen der Kreuzigung konfrontieren. Wenn sie ein Kruzifix sehen und danach fragen, könnte man ihnen in wenigen Worten den Lebensweg Jesu darstellen, damit sie nicht einseitig auf ein bestimmtes Bild fixiert bleiben.

Kinderzeichnung, 9 Jahre

Argumente für Ostern

Die Evangelien stellen das Ostergeschehen sehr anschaulich in den Denkgewohnheiten der damaligen Zeit dar.
Die Botschaft, daß Jesus lebt, verstehen wir heute so, daß die Menschen seiner Umgebung nach dem Tode Jesu seine Kraft und seine Nähe auf neue Weise erlebt haben.
Auch unseren Kindern können wir vermitteln, daß aus Angst und Trauer jubelnde Freude wird. Diese Osterfreude sollten wir mit den Kindern in den Wochen vor und nach Ostern durch Erzählen, Singen, Basteln und Tanzen mit „Herz und Sinnen" erleben.

Nicht das leere Grab
und der weggewälzte Stein,
nicht die römischen Wächter,
die starr vor Entsetzen
zu Boden gesunken waren,
auch nicht der Engel,
der zu den verstörten Frauen sprach,
sind Argumente genug
für Ostern ...

Aber daß Saulus sich ergreifen ließ,
daß die Jünger
ihre ängstlich verschlossenen Türen
aufsperrten
und die Botschaft weitersagten
von Mund zu Mund,
daß sie über Meer und Gebirge
auch zu uns gelangt ist
mit ihrer verwandelnden Kraft:
das ist das Wunder.

„Ich bin bei euch alle Tage!"
Wenn wir das erfahren,
dann geschieht Ostern,
wahrhaftig
auch heute noch
in uns.

Impulse für die Gestaltung der Osterzeit mit Kindern

Jesus hat seinen Zuhörern oft in Bildern und Geschichten abstrakte Gedanken verständlich gemacht. Ich meine, daß wir unseren Kindern auch die fröhliche Osterhoffnung in „Bildern", in Symbolen, in Liedern veranschaulichen können. Das österliche „Brauchtum", die Zeichen österlicher Freude sind in vielen Gegenden Deutschlands noch sehr lebendig: das Osterfeuer, das festliche Schmücken der Brunnen, die Speisenweihen (wenn das Brot mit dem eingeschnittenen Kreuz und die buntverzierten Eier gesegnet werden), das Holen des Osterwassers...
Bei einer Osterfeier in der Kindergruppe können bei einem gemeinsamen Mahl Elemente des österlichen Brauchtums aufgegriffen werden. Besonders das Anzünden der selbstverzierten Kerzen an den großen Kerzen in der Mitte hinterläßt einen nachhaltigen Eindruck bei den Kindern. In B. Cratzius: „Frühling im Kindergarten", Verlag Herder, habe ich viele Gestaltungsvorschläge für ein gemeinsames Ostermahl gegeben. Während eines gemeinsamen Mahles können die Geschichte von den Jüngern von Emmaus und die Begegnung am See Genezareth erzählt werden, siehe: „Frühling im Kindergarten".
Ich möchte hier die Geschichte von den verlorenen Söhnen in zwei verschiedenen Fassungen wiedergeben. Sie ist ein Beispiel der Liebe Gottes, die in der Dunkelheit (der Gottferne) ein neues Leben, geborgen in der Nähe und Liebe des Vaters, schenken will.

Vgl. Luk. 15,1–2, 11–32.

Kinderzeichnung, 10 Jahre

Die Geschichte von den verlorenen Söhnen und vom barmherzigen Vater

Ein Vater hatte zwei Söhne. Der jüngere sagte zu seinem Vater: „Gib mir das Geld und Gut, das mir zusteht. Ich will in die Welt hinausziehen."
Da teilte der Vater sein Vermögen auf. Der jüngere Sohn zog fort in ein fernes Land. Er lebte in Saus und Braus. Bald hatte er alles Geld ausgegeben. Da brach eine große Hungersnot im Land aus. Der jüngere Sohn mußte betteln gehen und eine Arbeit als Schweinehirt annehmen. Er hätte gern die Futterschoten der Schweine gegessen, aber niemand gab ihm etwas davon.
Da bereute er sein verpfuschtes Leben, und er sagte sich: „Ich will mich aufmachen und zu meinem Vater gehen. Ich will sagen: ‚Vater, ich habe Unrecht getan gegen Gott und gegen dich. Ich bin nicht mehr wert, dein Sohn zu sein.'"
Und er machte sich auf den Weg nach Hause – Der Vater sah ihn schon von weitem. Er lief seinem Sohn entgegen und küßte ihn. Der Sohn sagte: „Vater, ich habe es nicht verdient, daß du so gut zu mir bist!"
Doch der Vater rief seine Diener und sagte: „Bringt die besten Kleider für meinen Sohn! Schlachtet ein Kalb! Wir wollen ein Freudenfest feiern! Mein Sohn war tot und lebt wieder! Er war verloren, und nun haben wir ihn wiedergefunden!"
Da kam der älteste Sohn vom Felde heim. Er hörte schon von weitem die Musik und den fröhlichen Tanz. Da wurde er zornig. Er sagte zu seinem Vater: „Warum tust du das? Ich arbeite nun schon viele Jahre für dich! Für mich hast du noch nie ein Fest gegeben!"
Da sprach der Vater: „Mein Sohn, du bist immer bei mir. Alles, was ich habe, gehört auch dir! Aber dein Bruder war tot und ist lebendig geworden. Er war verloren, und wir haben ihn wiedergefunden! Darum wollen wir ein Freudenfest feiern!"

Hört – ein Bauer hatte einst zwei Söhne,
die ihm fleißig halfen auf dem Feld.
Doch der Jüngere sprach eines Tages:
„Ich will ziehen in die weite Welt.

Vater, kannst du mir mein Erbteil geben?
Hier kenn' ich nur Arbeit, Müh'
und Plag'.
Ich will in die Ferne ziehn und leben,
nicht mehr schuften bei dir Tag für Tag!"

Und der Vater teilte seine Güter.
Frohgemut zog da der Sohn hinaus,
suchte in der Welt sich neue Freunde,
und er lebte stolz in Saus und Braus.

Eines Tages zählt er seine Habe:
„Oh – mein Gott, das reicht nicht lange
mehr!"
Er verkaufte Mantel, Schuh und Kleider,
gab zum Schluß sein letztes Hemd
noch her.

Seine Freunde zogen in die Weite,
er war ganz allein und ohne Geld,
bettelte um Arbeit und um Speise,
hütete die Schweine auf dem Feld.

„Wäre ich beim Vater doch geblieben!"
dachte er in seiner bittren Not.
„Wäre ich doch Knecht in seinem Hause,
dann hätt' ich ein Bett und auch mein
Brot.

Ich will heim zu meinem Vater gehen.
‚Vater', will ich sagen, ‚sieh mich an!
Ich darf länger nicht dein Sohn
mehr heißen,
soviel Unrecht hab ich dir getan!'"

Doch der Vater stand am Wegesrande,
Tag für Tag sucht er die Straßen ab.
„Sohn, mein Sohn, so groß ist meine
Freude,
daß ich endlich dich nun wieder hab'!

Heut will ich das beste Kalb
dir schlachten,
lieber Sohn, tritt in das Haus hinein!
Und wir wolln ein großes Fest nun feiern,
alle sollen sich heut mit uns freun!" ...

„Kommt herbei, mein Sohn, er war
verloren,
seht, er lebt, er ist gesund zurück!
Reicht ihm Schuhe, Schmuck und neue
Kleider!
Nehmet alle teil an meinem Glück!"

Finster schaut da der ältre Bruder,
und er sprach voll Zorn und großem
Neid:
„Viele Jahre mußte ich dir dienen,
fleißig war ich stets für dich bereit!

Nie hast du ein Kalb für mich
geschlachtet,
nie gefeiert so ein Freudenfest,
das du jetzt für meinen faulen Bruder
voller Pracht und Glanz bereiten läßt."

„Lieber Sohn", sprach da der alte Vater,
„du warst bei mir, du warst immer nah.
Doch dein Bruder, er war tot, verloren,
sieh – er lebt, ein Wunder heut geschah!"

Wie überall in der Welt Ostern gefeiert wird

In der Kindergruppe wird heute eifrig für Ostern gebastelt. Barbara tupft viele kleine Punkte mit Fingerfarben auf die Eierschalen. Vivien stopft eine halbe Eischale mit gelber Watte aus und klebt vorn einen kleinen roten Schnabel und kleine Augen dran."Ganz süß ist dein Küken geworden!" stellt Daniela fest.

Michael färbt seine Eier in verschiedenen Farbtönen. Er legt sie in die Töpfe mit den Farbsäften. Die Erzieherin hat Zwiebelschalen, Holunderbeeren und Heidelbeeren abgekocht. Michael hat schon 20 Eier gefärbt. „Ich mußte im vorigen Jahr für meine Tante auch so viele Eier färben", sagt er. „Wir haben doch den Brunnen auf dem Marktplatz in unserem Dorf in Franken mit Girlanden aus Tannen und Buchsbaum geschmückt und bunte Eier dazwischengehängt. Das sah ganz toll aus", erzählt er.

Barbara und Daniela können das gar nicht glauben. „Wirklich wahr?" fragen sie, „die Brunnen habt ihr geschmückt?"

„Das ist in vielen Dörfern im Frankenland Brauch", sagt die Erzieherin. „Das Wasser ist ein Geschenk Gottes, und wir Menschen sollten es ehren. Darum schmückt man an vielen Orten in der Osterzeit die Brunnen.

Wißt ihr, ich habe ja selbst eine Weile in Bayern gewohnt, im Allgäu. Das war zu Ostern immer wunderschön, wenn wir im langen Zug durch den Ort gezogen sind und unsere Osterlieder gesungen haben. Vor

uns her wurde ein kleiner geschnitzter Palmesel gezogen, darauf saß ein hölzerner Jesus. Das war die Erinnerung daran, daß Jesus damals in Jerusalem auf einem Esel eingeritten ist."

„Und die Leute haben Palmzweige geschwenkt", ruft Daniela. „Ja, wir hatten auch kleine geschmückte Palmbüsche aus Weidenkätzchen in den Händen gehabt", erinnert sich die Erzieherin.

(Basteln der Palmbüsche in B. Cratzius: „Frühling im Kindergarten", Verlag Herder).

Jetzt tritt die schwarzgelockte Carmen aus Spanien an den Tisch. „Bei uns in Sevilla haben wir auch einen großen Umzug gemacht in der Osterwoche, durch die ganze Stadt!" ruft sie. „Ich weiß das noch ganz genau, weil ich abends dann so lange aufbleiben durfte. Alle die geschnitzten hölzernen Figuren aus der Kirche, Maria und Jesus, wie er das Kreuz trägt, und viele Heiligenfiguren wurden auf große Wagen geladen. Die Wagen waren mit Blumen geschmückt, die Nelken haben wunderbar geduftet. Und in der Nacht wurden alle Kerzen auf den Wagen angezündet. Männer haben die Wagen durch die Straßen gefahren. Vorn marschierte eine Kapelle, die ganz traurige Lieder spielte. Dann wurde erzählt, daß Jesus sterben mußte, und wir sangen alle mit. Aber am Ostersonntag sangen wir alle ganz fröhliche Lieder. Da wurde nämlich der auferstandene Jesus mit einer Siegesfahne in der Hand durch die Straßen gefahren."

Jetzt muß Barbara noch etwas von ihrer Großmutter erzählen. Die Großmutter stammte aus Pommern. Da holten die jungen Mädchen in der Osternacht vor Sonnenaufgang Wasser aus einer Quelle. Dabei durften sie nicht sprechen. Dieses Osterwasser sollte ganz besondere Kraft haben. – Wenn sie doch einmal gesprochen oder gelacht haben, dann wurde das Osterwasser „Plapperwasser" genannt und war nicht mehr so wertvoll. – Und dann ist der Bruder der Großmutter früh durchs Haus gegangen. Er durfte den anderen die Bettdecke wegziehen und mit einer Birkenrute ein paar Schläge austeilen. Nur wenn er süße Ostereier bekam, hörte er damit auf.

„Bei uns zu Hause ist Ostern wichtiger als Weihnachten!“ ruft Elena. Sie kommt aus Griechenland. „Was, das gibt’s doch gar nicht!“ schreit Michael. „Weihnachten mit dem Weihnachtsbaum und all den Kerzen und Geschenken, etwas Wichtigeres gibt’s gar nicht!“
„Doch, bei uns ja!“ sagt Elena. „Wochenlang vorher bereiten wir uns alle auf das Fest vor. Die Häuser werden weiß gestrichen, im Bach werden die Teppiche gewaschen, die Mutter backt das Osterbrot und bereitet das Osterlämmchen zu. Ich mochte am liebsten die geflochtenen gebackenen Osterkränze. Sie sollen an die Dornenkrone des Herrn Jesus erinnern. – Bei uns werden die Ostereier rot angemalt. Das erinnert uns an das Blut von Jesus. Am Karfreitag ist es dann in der Kirche ganz dunkel. Wir dürfen nicht laut lachen und umhertoben. Wir besuchen die Gräber unserer Verwandten und Freunde auf dem Friedhof. Aber in der Nacht zum Ostersonntag wird es dann ganz fröhlich bei uns. Ich darf mein neues weißes Kleid anziehen. Wir tragen alle große Osterkerzen in den Händen. – Die Gesichter der Heiligen auf den großen bunten alten Bildern (Ikonen) leuchten wunderschön golden durch den Weihrauchdunst. – Ich mag so gern die schönen alten Lieder. Um Mitternacht läuten die Glocken. Der Priester ruft: ‚Christus ist auferstanden!‘ – Wir zünden alle unsere Kerzen an. Wir umarmen uns und rufen uns den Ostergruß zu: ‚Er ist wirklich auferstanden!‘ – Dann singen und tanzen wir um die Kirche herum, bis es hell wird. Zu Hause feiern wir weiter.“
Die Kinder sind ganz still geworden. So viel und so lang hat Elena noch nie erzählt.
„Ostern ist wirklich ein ganz wichtiges Fest für uns alle“, sagt die Erzieherin. „Ostern – das ist nicht nur Osterhasen basteln und Eier bemalen. Zu Ostern ist unser Herr, Jesus Christus, zum Leben zurückgerufen worden. Er ist mit seiner Kraft und Hilfe immer bei uns, so wie es die Jünger von Emmaus gespürt haben! Wir wollen einige Osterlieder lernen. Dann erfahrt ihr, was Gott uns mit dem Osterfest schenken will.“

Osterkreislied

Text: Barbara Cratzius
Musik: Ludger Edelkötter

Kommt, wir klatschen in die Hände,
keiner bleibt heut ganz allein.
Ostern ist das Fest der Hoffnung,
Jesus will uns nahe sein.

Kommt, wir singen: Halleluja.
Trauer soll uns schrecken nicht!
Unser Herz ist voll vor Freude,
allen glänzt das Osterlicht.

Der Schmetterling als österliches Symbol

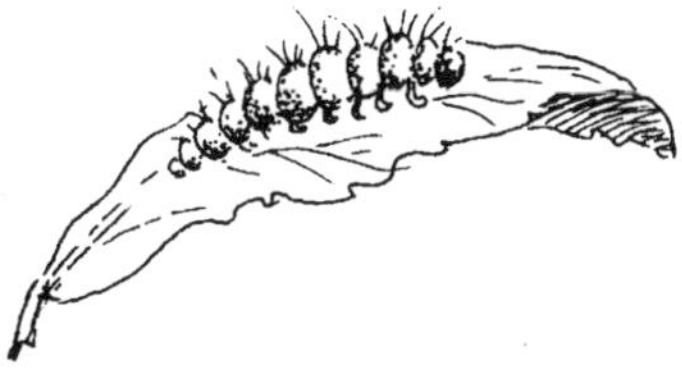

Auf alten Grabsteinen wurde die Hoffnung auf neues Leben, die Osterhoffnung, die uns Christen erfüllt, oft durch das Bild eines Schmetterlings dargestellt.
Der alte irdische Leib (Raupe) vergeht, ein neues Wesen entsteht, das sich himmelwärts schwingen kann.
Ostern – Auferstehung von den Toten – Hoffnung auf unsere eigene Auferstehung – fällt es uns nicht immer wieder schwer, diese Glaubensaussage anzunehmen?
Wir möchten gern über unsere engen irdischen Grenzen hinauswachsen und können uns das doch so schwer vorstellen.
„Es gehört ja auch für uns Erwachsene zur schlichten Lebensweisheit, immer wieder über die Grenzen hinauszudenken, die uns gesteckt sind. Wir sehen ja nie alles. Die Welt ist immer größer, als wir meinen, und hat Geheimnisse, die uns nun einmal verschlossen sind ... und das können auch Kinder ohne Mühe verstehen" (H. u. J. Zink: „Wie Sonne und Mond einander rufen", Kreuz-Verlag, Stuttgart 1980).
Die Verwandlung der häßlichen Raupe in einen buntschillernden, schönen Schmetterling ist ein Wunder der Natur, das uns im Frühling immer wieder neu fasziniert. Pieter Kunstreich hat in dem Bilderbuch Cratzius/Kunstreich: „Die Geschichte von der dicken grünen Raupe" (Verlag Herder) diese Verwandlung in großartigen Bildern dargestellt. Dieses Bilderbuch eignet sich sehr gut zum gemeinsamen Betrachten im Kinderkreis oder bei einer österlichen Stunde gemeinsam mit den Eltern. Dazu könnten die Bilder durch einen Bildwerfer auf eine Leinwand geworfen und von allen betrachtet werden.
Mit einer Erzählung kann das Lied von den Raupen und Schmetterlingen (nachfolgende Seite) eingeführt werden.

Die dicken häßlichen Raupen krochen mit ihren kurzen Stummelbeinen an den Kohlblättern entlang. Sie sahen nicht das helle Licht der Sonne, nicht den Regenbogen in den Wolken, sie hörten nicht das Lied der Nachtigall. Sie waren nur mit Fressen beschäftigt. Ein Blatt nach dem anderen nagten sie an.
Ein guter Mensch hatte Mitleid mit den vollgefressenen Raupen. Er sagte: „Ihr armen Raupen, immer denkt ihr nur ans Fressen! Aber bald wird all eure Mühsal, euer Umherkriechen auf der staubigen Erde zu Ende sein. Ihr sollt nicht mehr mühselig Stengel für Stengel emporklettern. Ihr werdet frei sein. Flügel werden euch wachsen. Ins helle Licht könnt ihr euch schwingen. Die Schönheit der Welt könnt ihr entdecken."
Aber die Raupen hörten nicht zu. Einige lachten ihn aus, die anderen fraßen und fraßen. Da wandte sich der gute Mensch traurig ab. Seine Sprache war zu arm. Er konnte das neue wunderbare Leben der Raupen nicht besser beschreiben.
Er machte die Augen zu. Da sah er die schönen Schmetterlingsflügel durch das helle Sonnenlicht schweben. Wie Gold schimmerte das Licht auf den bunten Flügeln.

Das Lied vom neuen Leben

Text: Barbara Cratzius
Musik: Ludger Edelkötter

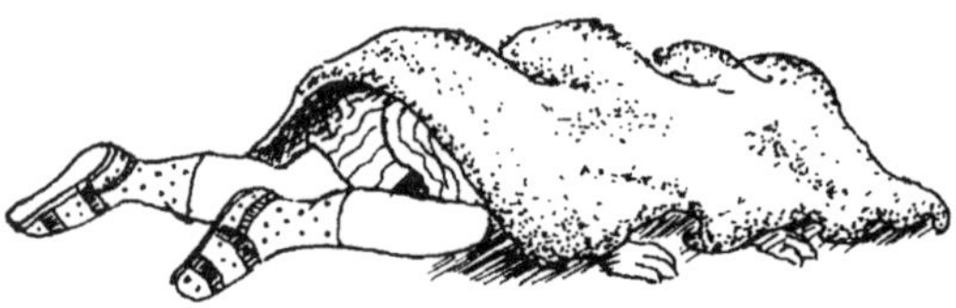

Spielanleitung: Zu Anfang kriechen die „Raupenkinder“ mühsam unter den ausgebreiteten Tüchern entlang. Dumpfe Schläge der Klanghölzer oder einer Handtrommel begleiten das langsame Kriechen. Auf ein Klangzeichen (Pauke, Cymbel) kriechen die Raupenkinder langsam unter den Tüchern hervor. Sie bleiben eine Weile still sitzen, die Arme um den Kopf geschlungen, den Kopf gesenkt. Ein „Sonnenkind“ (mit leuchtend gelben Strumpfhosen und gelbem Pulli, eventuell mit einem Strahlenkranz um den Kopf) kann die schlafenden „Puppen“ berühren, damit sie aufwachen. Danach schwebt das „Sonnenkind“ zwischen den flatternden Schmetterlingen hin und her.

Auf ein weiteres Klangzeichen (Triangel, Glockenspiel) breiten die Raupenkinder langsam die Arme auseinander. Sie können sich Flügel (bunte Tücher) umbinden und flattern in weiten Schwüngen durch den Raum, ohne sich gegenseitig zu berühren.

Auf der gegenüberliegenden Seite des Raumes sitzen die Blumenkinder, die ihre Hände zu Kelchen geformt haben. Die Schmetterlingskinder tauchen ihre Hände vorsichtig in die Kelche.

Am Schluß kommen alle Kinder zu einem großen Kreis zusammen und fliegen mehrmals auf der Kreislinie entlang.

Unter dem Rhabarberblatt
kennt ihr nichts als Fressen.
Habt den hellen Sonnenschein,
goldnes Licht vergessen.

Ach, ihr Raupen in dem Staub
ohne Sonnenstrahlen,
die auf Wellen dort im Teich
goldne Sterne malen.

Dunkel wird es jetzt um euch,
Schlaf wird euch umfangen.
Sitzt ganz still und wartet ab,
ohne Angst und Bangen.

Graue Raupen, hört doch her,
ihr sollt Flügel kriegen,
könnt im warmen Frühlingswind
hin und her euch wiegen.

Zarte Flügel, bunt und leicht,
schimmern in der Frühe.
Ihr fliegt in ein helles Reich
ohne Schmerz und Mühe.

Bunte Blüten dort im Gras,
seht, wie sie euch winken.
Und den Nektar, zuckersüß,
dürft ihr alle trinken.

Jeder Tag ist dann ein Fest,
wird euch Freude bringen.
In den hellen goldnen Glanz
dürft ihr hoch euch schwingen.

Dann wird es nicht Schmutz noch Staub,
Mühsal nicht mehr geben.
Ihr fliegt in ein schönres Reich,
in ein neues Leben.

Brauchtum um Ostereier und Osterlamm

Das Ei ist eines der ältesten religiösen Sinnbilder: es ist das Symbol des Ursprungs der Welt, der Fruchtbarkeit, der Kraft und des Lebens. Auch für uns Christen ist das Ei das Symbol des Lebens – eines Lebens, da uns Christus durch seine Auferstehung verheißt. Bei einem alten Kirchenlehrer aus dem 4. Jahrhundert heißt es: „Gleich einem Ei springt das Grab auf." Und ein alter Osterspruch sagt: „Wie der Vogel aus dem Ei gekrochen, hat Jesus Christus das Grab zerbrochen." In einem Weihnachtsbild in der Lorenzkirche in Nürnberg ist das Jesuskind dargestellt wie ein Keim in einem Ei; Maria und Josef knien daneben. – Der österliche Hoffnungsglaube wird von Augustin so beschrieben: „Die Hoffnung wird, wie mir scheint, mit dem Ei verglichen, denn sie ist noch nicht Wirklichkeit geworden. Auch das Ei ist ein Etwas, aber noch nicht das Küchlein. Die Schale deckt es. In Geduld möge man warten; es muß durchwärmt werden, um zum Leben zu gelangen. Legen wir aber unser Ei – das ist unsere Hoffnung – unter die Flügel jener Henne, der göttlichen Weisheit."

Viele Hinweise für das Färben und Schmücken der Ostereier finden sich in meinem Buch im Verlag Herder: „Frühling im Kindergarten".

Das Lamm ist seit altersher ein Tier von besonderer symbolischer Bedeutung. Es ist ein Zeichen für Unschuld, Milde und Sanftmut.
In vorchristlicher Zeit brachte man in verschiedenen Kulturkreisen im Frühling, wenn die Lämmer geboren waren, der Gottheit Lämmer zum Opfer dar. Später stellte man Nachbildungen aus Teig her als Zeichen des Dankes und der Anbetung.
Man ging dazu über, diese „Gebildebrote" selbst zu essen. „Es ist ein alter Brauch, daß man zu Ostern Eier, Rauchfleisch und ein Lämmlein aus Kuchenteig zur Kirche bringt, und alles das wird nach der Messe geweiht. Es soll die erste Speise sein, die am Ostersonntag gegessen wird." So erinnert sich die niederbayrische Bäuerin Anna Wimschneider (aus: Anna Wimschneider, „Lebenserinnerungen einer Bäuerin", München 1984, Verlag Piper).

Jesus Christus – das Lamm Gottes, das der Welt Sünde trägt (Joh 1,29) – das ist ein bedeutendes Motiv der christlichen Bildkunst.
In der Kindergruppe können wir in der Osterzeit ein Wollschäfchen basteln (siehe B. Cratzius: „Ein ganzes Jahr und noch viel mehr“, Bd. 2, S. 85, Verlag Herder).
Wir können eine große Schafherde aus Filzstücken mit einem Hirten als Gemeinschaftsbild herstellen.
Viel Freude macht auch das gemeinsame Backen eines Lämmchens.

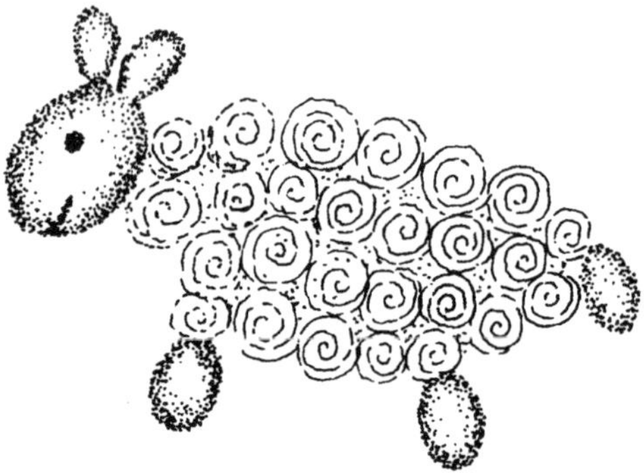

Ein Lamm für den Ostertisch (Hefeteig)

Wir benötigen:

6 Tassen Mehl 1/2 Tasse Zucker 1 P. Trockenhefe 1 Teelöffel Salz	miteinander vermischen
lauwarme Milch 3 Eßlöffel Öl 1 Ei 1 1/2 Tassen	dazugeben und kräftig kneten

Alle Zutaten müssen zu einem glatten, glänzenden Teig verknetet werden.
Der Teig muß eine Stunde lang an einem warmen Ort ruhen.
Danach wird er wieder kräftig geknetet.

Teile den Teig für das Lamm ein:

1/3 für Kopf, Beine, Schwanz

2/3 für den Bauch

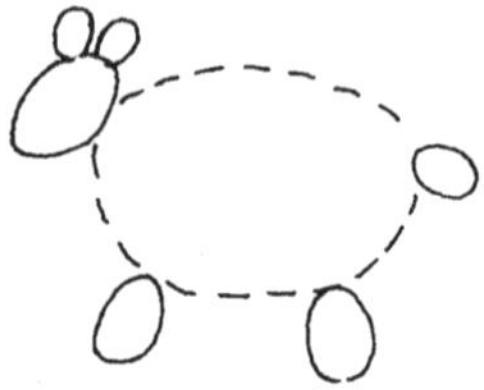

Rolle den Teig für den Bauch zu einem Rechteck aus, 1/2 cm dick.

Bestreiche den Teig mit verquirltem Ei und bestreue ihn mit Zucker und Zimt.

Rolle das Rechteck von der kurzen Seite her auf.

Schneide die Rolle in Scheiben, 3 cm dick.

Setze die Scheiben zu dem Bauch des Lamms zusammen, benutze ein Backblech, das du mit Backpapier ausgelegt hast.

Setze den Kopf, den Schwanz und die Beine an den Bauch.

Zum Schluß wird das Lamm mit verquirltem Ei bestrichen und mit Rosinen für das Auge und das Maul belegt.

Backzeit: ca. 20 Minuten, Elektroherd: 220°, Gasherd: Stufe 4–5

E. Scharafat